高等学校俄语专业系列教材

实用商务俄语会话

КИТАЙСКО-РУССКАЯ ДЕЛОВАЯ РЕЧЬ

陈少雄　编著

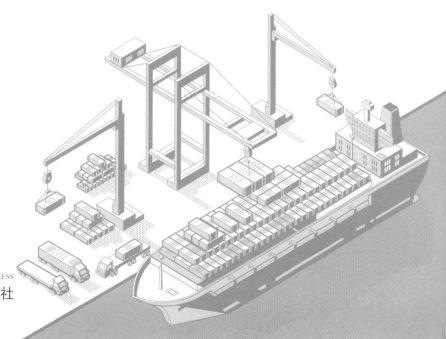

ZHEJIANG UNIVERSITY PRESS
浙江大学出版社
·杭州·

图书在版编目（CIP）数据

实用商务俄语会话 / 陈少雄编著. -- 杭州 ： 浙江大学出版社，2024.2

ISBN 978-7-308-24655-2

Ⅰ．①实… Ⅱ．①陈… Ⅲ．①商务－俄语－口语－高等学校－教材 Ⅳ．①F7

中国国家版本馆CIP数据核字(2024)第037246号

实用商务俄语会话

陈少雄　编著

策划编辑	包灵灵
责任编辑	杨诗怡
责任校对	田　慧
封面设计	林智广告
出版发行	浙江大学出版社
	（杭州市天目山路148号　　邮政编码　310007）
	（网址：http：//www.zjupress.com）
排　　版	杭州林智广告有限公司
印　　刷	杭州高腾印务有限公司
开　　本	787mm×1092mm　1/16
印　　张	11.5
字　　数	259千
版 印 次	2024年2月第1版　2024年2月第1次印刷
书　　号	ISBN 978-7-308-24655-2
定　　价	45.00元

前 言

党的二十大报告对"实施科教兴国战略，强化现代化建设人才支撑"作出了战略部署。同时，党的二十大报告强调"加强国际传播能力建设，全面提升国际传播效能，形成同我国综合国力和国际地位相匹配的国际话语权"。①而外语教育及相应的外语教材建设有助于培养适应新时代发展的外语人才，以语言为桥梁，加强我国国际传播能力建设，深化文明交流互鉴，推动中华文化更好走向世界。

笔者从业的十余年中，接触"商务俄语"类的书籍不下几十种，其中部分虽冠以"实用"字样，但书中大部分内容并不能很好地满足实际的商务交际需求。一方面，书中缺乏实际可用的表述；另一方面，其已有的表述过于书面化，在现实生活中俄罗斯人很少使用。由此，笔者便萌生了编写一部更贴近实际商务生活、满足不同交际意图、符合时代要求的商务俄语会话教材的想法。

本教材围绕中俄商务交流语境，以不同场景下的交际意图为导向，以商务会话为形式，一共设计了19个专题，设置了超过70个商务交际情景。

以"谈判过程"这一专题为例，其中就包含了"开始讨论""直奔主题""难题""谈判面临困境""休息一下""请原谅用词不当"等6个商务交际情景，几乎囊括了该专题下不同交际情景通常需要表达的所有语句。针对同一个交际意图，本教材会给出几种常见表述，以期为读者提供多样化的参考。譬如，"我刚想出一个好主意"对应的俄文表述就有"У меня только что созрел хороший план""У меня только что родилась одна мысль""У меня только что появилась одна идея"等。

---

① 习近平. 高举中国特色社会主义伟大旗帜 为全面建设社会主义现代化国家而团结奋斗：在中国共产党第二十次全国代表大会上的报告. 北京：人民出版社，2022.

本教材各章还配有相应的练习，旨在帮助读者学以致用，及时掌握所学内容，如运用常用句式造句并编写对话等，以达到熟练应用常用表述的目的。本教材的最后一章收录了部分常见的中文语句、俗语的俄语参考翻译，以及超过100句的常用"俄语套话"，旨在帮助本教材的使用者在日常工作中构建完整、地道的俄语表述。

在本教材的编写过程中，笔者力求做到以下几点。

1. 实用的会话设计。外语类教材的关键是实用性，因此本教材特别强调实际的商务会话情景。每一个对话场景，都是从真实的商务环境中提炼而来的，意在帮助学习者迅速适应和应对实际的商务交流。

2. 地道的语言表达。语言的地道和真实性对于有效交流至关重要，本教材中的每一句话都经过严格的筛选，以确保所呈现的语句与现实的商务交流中的日常用语保持一致。

3. 全面的语言材料。本教材不仅提供完整、详尽的俄语商务对话，更包含了中俄文常用的句式、俗语和套话等，方便学习者在商务沟通中流利、快速地表达自己的交际意图。

本教材可作为高等院校俄语专业"商务俄语"相关课程的教材，同时也可供对俄经贸人士在日常工作当中使用。

在编写本教材的过程中，笔者参阅了国内外出版的相关书籍和网络资料，并得到了博士阶段的导师Е. Н. 斯捷潘诺夫（Е. Н. Степанов）教授的专业指导，在此一并表示衷心的感谢！

目　录

第一章　迎接客人

ВСТРЕЧА (ПРИЁМ) ИНОСТРАННЫХ ГОСТЕЙ

1 欢迎
Добро пожаловать

1. 欢迎贵宾光临！

   Добро пожаловать, дорогие гости!

2. 恭请惠临！

   Просим вас пожаловать к нам!

   Милости просим!

3. 欢迎光临（前来）……！

   Добро пожаловать в... !

4. 很高兴在……见到您！

   Очень рад видеть вас в... !

5. 欢迎欢迎，早就盼着你们来了！

   Добро пожаловать, мы давно вас ждём!

6. 欢迎诸位到来！

   Всех с приездом!

7. 请允许我代表我们公司向贵代表团全体成员表示欢迎。

   Разрешите мне от имени нашей компании поприветствовать всех членов вашей делегации.

8. 今天我谨代表我们公司热烈欢迎远道而来的诸位客人！

   Сегодня я имею честь от имени нашей компании от всего сердца поприветствовать прибывших к нам издалека гостей.

9. — 我们一直盼望您的来访，面对面的谈判总是比较容易些。

   Мы всё это время надеялись, что вы приедете, ведь всегда проще вести переговоры без посредников (в ходе личной встречи).*

   — 我也有同样的想法，比起函电的往返，面谈的优越性是显而易见的。

---

* 圆括号中的内容为括号前句子成分可选择的另一种表述，如在该句中，"в ходе личной встречи" 可以替换 "без посредников"。

Я думаю точно так же. По сравнению с перепиской и общением по телефону преимущество непосредственных переговоров очевидно.

2 在机场
В аэропорту

1. — 对不起，您是从……来的……先生（女士）吧?

   Простите, вы господин (госпожа) из... ?

   — 是的，我是。

   Совершенно верно, да, я.

2. — 路上怎么样，还顺利吧?

   Как доехали? Нормально добрались?

   — 很顺利，谢谢! 飞机很舒适，飞行途中也很愉快。

   Спасибо, хорошо! Самолёт очень комфортабельный, и полёт был весьма приятным.

3. — 路上辛苦了吧?

   Вы, наверное, устали с дороги?

   — 没什么，一切正常。

   Ничего, всё нормально.

4. 请允许我自我介绍一下，我叫……，是专门来迎接您的，您可以随便吩咐。

   Позвольте представиться, моя фамилия... Я специально приехал встретить вас, можете располагать мною.

5. — 我是……（总经理助理、市场部负责人），受委托前来迎接您。

   Я... (помощник директора компании, заведующий отделом по маркетингу), мне поручено встретить вас.

   — 非常感谢!

   Очень приятно!

6. ……先生有急事，所以不能亲自来机场，而委派我迎接贵团。他还要我代表他，向你们表示歉意。

   У господина... очень срочные дела, поэтому он не смог лично приехать в аэропорт, а направил меня встретить вашу делегацию. Он также попросил меня извиниться перед вами.

7. 在这段时间内我是您的向导兼翻译。您别客气，有什么问题或要求尽管提。

В течение этого времени я буду вашим гидом-переводчиком. Не стесняйтесь, если что-нибудь понадобится, можете обращаться в любое время.

3 认识一下
Давайте познакомимся

1. 我们来认识一下！

Давайте познакомимся!

2. 请告知您的尊姓大名。

Разрешите узнать ваше имя.

3. 您同……先生认识吗？

Вы знакомы с господином...?

4. 难道你们不认识！

Разве вы не знакомы!

5. 怎么，你们还不认识吗？

Как? Вы ещё не знакомы?

6. 请认识一下，这位是……

Пожалуйста, познакомьтесь, это...

7. 请允许我给您介绍一下，这位是我的同事……先生。

Позвольте мне представить вам моего коллегу, господина...

8. 我来引见一下，这位是……先生，请多关照！

Позвольте порекомендовать (представить) вам господина... Прошу любить и жаловать!

答复语句
Ответные реплики

1. 可惜，我们一直无缘相识，请您把我介绍给……先生。

До сего момента (до сих пор) мы не имели счастья быть знакомыми. Пожалуйста, представьте меня господину...

2. 我觉得，我们好像认识。

   Мне кажется, что мы знакомы.

3. — 很高兴认识您!

   Очень рад с вами познакомиться!

   — 认识您我也很高兴! 彼此彼此!

   Мне тоже очень приятно познакомиться с вами! Взаимно!

4. 有幸认识二位我很高兴!

   Счастлив (очень рад) познакомиться с вами [обоими].*

5. 您好，……女士! 我常听人说起您，早就想同您认识了。

   Здравствуйте, госпожа...! Я много о вас слышал и давно хотел познакомиться.

6. 啊，……先生，您好! 久闻大名! 没想到我们今天在这儿认识，真是幸会呀!

   А, господин..., мне приходилось много о вас слышать! Я не ожидал, что сегодня здесь мы познакомимся, вот уж действительно счастливая встреча!

7. 您好! 久闻阁下大名，今日能够相见真是不胜荣幸。

   Здравствуйте! Я наслышан о вас, однако встретиться с вами для меня большая честь!

4 安顿好了吗
Как устроились

1. 您好像初到此地，怎么样? 已经适应了吧?

   Вы, кажется, здесь впервые? Ну как, уже освоились?

2. 你们都是第一次来……吗?

   Вы все в первый раз приехали в...?

3. — 您在哪里下榻?

   Где вы остановились?

   — 您住在什么酒店?

   В какой гостинице вы остановились?

4. 您酒店安排得怎么样了?

   Как вы устроились в гостинице?

---

* 方括号中的内容为对原句的具体补充，可以选择性添加或删除，不影响句子的整体表达。

5. 您休息得好吗？

[Надеюсь], вы хорошо отдохнули?

6. — 有什么需要我为您办的吗？

Я могу что-нибудь сделать для вас?

— 我能为你们做点什么吗？

Я могу быть вам чем-нибудь полезен?

7. 你对这里的最初印象怎么样？

Какие у вас первые впечатления от пребывания здесь?

答复语句

Ответные реплики

1. 谢谢，一切都很好！

Спасибо, всё в порядке!

2. 除了……先生外，我们都是第一次来这儿。

Кроме господина..., мы все здесь впервые.

3. — 在……宾馆，我们每次到……都在那儿住。

В гостинице... Мы останавливаемся там каждый раз, когда приезжаем в...

— 这是城里最好的宾馆之一，就在我们公司附近，您步行就可以到这。

Это одна из лучших гостиниц города. И находится рядом с нашим офисом, вы даже можете дойти сюда пешком.

4. — 是的！这几天天气很好，好像老天有意厚待我们。宾馆的服务也非常好，吃的就更不用说了，每天都是美味佳肴。

Да! Эти несколько дней погода стоит великолепная, похоже, что небо благоволит к нам. Обслуживание в гостинице замечательное, не говоря уже о еде—каждый день подают деликатесы.

— 您能喜欢这里，真是太好了。

Очень хорошо, что вам здесь понравилось.

5. — 谢谢，我已经缓过来了。

Спасибо, я уже в норме (силы восстановились).

— 听到这些我很高兴。

Я рад это слышать.

6. 我第一次来……，人生地不熟，有些日常生活问题，请您帮我解决一下。

Я впервые в..., всё здесь мне незнакомо. У меня возникли некоторые бытовые проблемы, пожалуйста, помогите их решить.

7. — 印象好极了，你们的城市可真美，这里的人们都很友善好客。

Впечатления самые приятные. Ваш город, действительно, очень красив, а окружающие люди благожелательны и гостеприимны.

— 您这样说我感到很高兴。

Мне очень приятно это слышать.

5 来访的期限和目的
Продолжительность и цель визита

1. 你们打算在这儿住多长时间？

Как долго вы собираетесь пробыть здесь?

2. 您这次来准备住多久？

В этот раз вы к нам надолго?

3. 在……期间，您的活动准备怎么安排？

Каковы ваши планы на время пребывания в...?

4. 听说您是专程前来……，是吧？

Я слышал, вы приехали специально, чтобы...?

5. 我想明确一下谈判日程（会议议程）。

Я хотел бы уточнить график переговоров (программу работы конференции).

6. 我们早就想去……，所以想在闲暇时游览这里的名胜古迹。请问，最好先看什么？

Мы давно мечтали побывать в..., поэтому в свободное время нам хотелось бы осмотреть местные достопримечательности. Пожалуйста, подскажите, что посмотреть (куда отправиться) в первую очередь.

答复语句
Ответные реплики

1. 我们原来计划在这里停留……左右，但现在我们想多待几天，以便能去参观……

   Первоначально мы планировали побыть здесь около..., но сейчас хотим задержаться на несколько дней, чтобы посетить...

2. 很遗憾，这次我只能在……待……天。

   К сожалению, в этот раз я смогу пробыть в... всего-навсего... дней.

3. 我想，大约一周。我们访问时间的长短将取决于谈判的进程。

   Я думаю, около недели. Продолжительность нашего визита будет зависеть от хода переговоров.

4. 我们这次来访的目的是……

   Цель нашего нынешнего визита заключается в...

5. 我们专程来与你们协商……问题。

   Мы специально приехали, чтобы обсудить (согласовать) с вами вопросы, связанные с...

6. 我们公司专门从事……，这次我到……来是想……

   Наша компания специализируется на... В этот раз я приехал в чтобы...

◇ 参加……国际洽谈会（会议）。

   участвовать в работе международной ярмарки (конференции).

◇ 找到我们公司产品的销售途径。

   найти пути реализации продукции своей фирмы.

◇ 亲自调研贵国（贵城市）的……行情。

   лично ознакомиться с состоянием рынка (какой-л. продукции) в вашей стране (в вашем городе).

◇ 找到开办合资企业的合伙人。

   найти компаньона для создания совместного предприятия.

7. 是的，我正是为这件事情来的，除此之外还顺带处理点儿业务。

   Да, я приехал именно ради этого, но попутно хочу решить ещё кое-какие дела.

8. 如果方便，咱们可以明天上午在我们公司办事处见面，共同商讨筹备的问题。我派车来接，你们看怎么样？

   Если вам будет удобно, мы могли бы завтра утром встретиться в нашем офисе и вместе решить все организационные вопросы. Я пришлю за вами машину. Как вы на это смотрите?

9. 当然了，我方已经为你们准备了很有意思的活动，我们一定想方设法让贵方在……过得愉快。

   Конечно, мы уже подготовили для вас интересную культурную программу. Мы постараемся сделать всё, чтобы ваше пребывание в... было приятным.

✒ Упражнения 练习

1. **Составьте предложения, употребляя следующие конструкции. 用下列词组或短语造句。**

   （1）гость, прибывший издалека

   （2）обращаться без стеснения (в любое время)

   （3）поприветствовать ... (кого-л.)

   （4）давайте познакомимся (будем знакомы)

   （5）мне кажется, ...

   （6）осматривать достопримечательности

   （7）приятно провести время

   （8）пожалуйста, представьте ... (кого-л. кому-л.)

   （9）задержаться на несколько дней в ...

   （10）специализироваться на ...

   （11）извиниться за ... (кого-л.) перед ... (кем-л.)

   （12）попутно решить некоторые проблемы

   （13）от имени компании

   （14）в свободное [от работы] время

   （15）принять участие в международной выставке-ярмарке

   （16）создать совместное предприятие

   （17）на протяжении этого времени

   （18）приехать именно (специально) ради этого

   （19）горячо приветствовать

   （20）пути реализации продукции

（21）если вам будет удобно, …

2. Составьте диалоги на следующие темы. 根据情景设计对话。

（1） Встреча гостей из России в аэропорту

（2） Знакомство с гостями из России

扫码查看更多习题

第二章　老友相见

VСТРЕЧА (СВИДАНИЕ) СТАРЫХ ЗНАКОМЫХ

1 见面
Кого я вижу

1. 多么令人高兴的巧遇呀！您好！

   Здравствуйте, вот так встреча!

2. 我的天，我看见谁了！

   Боже мой, кого я вижу!

3. ……先生，怎么是您呀？

   Господин..., неужели это вы?

4. ……先生，您可是稀客呀，好久不见了！

   Господин...! Вот уж действительно редкий гость, сто лет не виделись!

5. 哪阵风把您给吹来啦？

   Каким ветром вас занесло?

6. 我们好像整整两年没见面了。

   Кажется, мы не виделись с вами целых два года.

7. 很高兴有机会与您会面。

   Я очень рад возможности встретиться с вами.

8. ……先生，早上好！看到您容光焕发真令人高兴。

   Доброе утро, господин... Рад вас видеть в таком хорошем расположении духа (рад видеть ваше сияющее лицо).

9. ……先生，是您啊！真是说曹操，曹操到！

   Господин..., это вы! Вот уж действительно лёгок на помине!

10. 巧得很，我正找您呢！

    Какая удача, я как раз вас разыскиваю!

11. ……先生，我找的就是您。

    Господин..., как раз вы-то мне и нужны.

12. 您好！不记得我了吗？

Здравствуйте, вы меня не помните?

答复语句

Ответные реплики

1. 差不多吧。似乎还行。

Что-то около того. Похоже, что так.

2. 见到您我也特别高兴！

Я тоже чрезвычайно рад видеть вас!

3. 您很面熟，但我想不起在哪儿见过您了。

Ваше лицо мне знакомо, однако я не могу вспомнить, где я вас видел.

4. — 您好像叫……，我没搞错吧？

Вас, кажется, зовут...? Я не ошибся?

— 没有，您的记性真好。

Нет, у вас хорошая память.

2 您过得怎么样
Как поживаете

1. 您过得怎么样，……先生？

Как поживаете, господин...?

2. 您别来无恙？

[Давно не виделись], как ваше здоровье?

3. 怎么样，家里都还好吧？

Как поживает ваша семья?

4. 最近有什么收获吗？近况如何？

Как успехи? Как дела?

5. 您最近工作顺利吗？最近忙吗？

Как успехи на работе? Как дела на работе?

6. 您近来生意兴隆吧?

Как ваш бизнес, процветает?

7. 心情怎样?

Как настроение?

答复语句

Ответные реплики

1. 谢谢，一切都很好!

Спасибо, всё хорошо.

2. 一切正常。

Всё нормально.

3. 谢谢，不错（比较顺利）。

Спасибо, неплохо (довольно).

4. 谢谢，还好（还可以）。

Спасибо, ничего (помаленьку).

5. 还凑合。

Так себе.

6. 最近我们有点背。

В последнее время нам не везёт.

7. 勉强维持。

Еле сводим концы с концами. (Едва держимся на плаву.)

8. 咳，别提了，一塌糊涂。

Ой, не спрашивайте... Полный завал (полнейшая неразбериха)!

9. 相当忙，您呢?

Работы хватает, а как у вас дела?

10. 这几天，我忙得要死了（忙得不可开交）。

Я ужасно занят эти несколько дней (делам конца и края не видно, дел невпроворот).

3 需要详谈
Нужно поговорить

1. 您能否抽出半个小时同我谈话？我有事找您。

   Не могли ли бы вы уделить мне полчаса [для разговора]? У меня есть к вам дело.

2. 我知道，您是这方面的专家，所以想向您请教。

   Я знаю, что вы профессионал (специалист) в этой области, поэтому мне хотелось бы получить у вас консультацию.

3. 我有一些问题（几件事）要和您商量。

   Мне нужно посоветоваться с вами по ряду вопросов (по некоторым вопросам).

4. 我想和您当面商谈一下有关……问题。

   Мне хотелось бы в ходе личной встречи обсудить с вами вопросы, касающиеся...

5. 我想亲自同您谈谈一些细节问题。我们今天下午两点钟见面，怎么样？

   Мне хотелось бы лично обсудить с вами некоторые детали. Как вы смотрите на то, чтобы встретиться сегодня в два часа дня?

答复语句
Ответные реплики

1. 当然了，我愿意为您效劳！

   Конечно, я всегда к вашим услугам!

2. 那么，您请说，我洗耳恭听。

   Ну что ж, я вас внимательно слушаю.

3. 请尽快过来，我在……等您。

   Приходите, пожалуйста, сейчас. Я буду ждать вас в...

4. 请问吧，我将向您做一切必要的说明。

   Пожалуйста, спрашивайте, я дам вам все необходимые разъяснения.

5. 这正好是我想要和您讲的问题。

   Как раз по этому вопросу я и хотел с вами переговорить.

6. 这可要另当别论，让我们到办公室去谈一谈。

   Это предмет отдельного разговора, давайте пройдём ко мне в кабинет и переговорим.

7. 好，让我们确定一下谈话（见面）的具体时间吧。

   Хорошо, давайте назначим конкретное время для разговора (для встречи).

8. 好，对我来说，这个时间很合适。

   Хорошо, для меня это самое подходящее время (это время меня устраивает).

9. 这时候我有个会面，我们改日再谈吧。

   На это время у меня назначено деловое свидание, выберите, пожалуйста, другое время (давайте поговорим после...).

4 联络方法
Каналы связи

1. 这是我们办事处的地址，有事请随时联系。

   Вот координаты нашего офиса. Если появятся вопросы, вы в любое время можете связаться с нами.

2. — 有时间的话，欢迎光临我们公司！这是我的名片。

   Если у вас будет свободное время, добро пожаловать к нам, вот моя визитная карточка.

   — 谢谢，改天一定登门拜访。

   Спасибо, как-нибудь обязательно к вам заглянем.

3. 请给我留下您的电子邮箱和手机号。

   На всякий случай, оставьте мне свой адрес электронной почты и номер сотового телефона.

4. 对了，我差点忘了，我办公室的电话号码换了。

   Да, чуть не забыл. Номер телефона в моём офисе поменялся (изменился).

5. 请您记下我的手机号码。

   Запишите, пожалуйста, номер моего сотового.

   稍等，我拿个本子记一下。

   Секунду, я найду записную книжку.

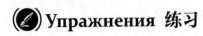

Упражнения 练习

1. **Составьте предложения, употребляя следующие конструкции.** 用下列词组或短语造句。

   （1） встретиться с...

   （2） предмет отдельного разговора

   （3） обсудить в ходе личной встречи

   （4） выбрать другое время

   （5） как удачно (как нельзя кстати)

   （6） консультироваться с...

   （7） обговорить (посоветоваться) с...

   （8） нанести визит

   （9） адрес электронной почты

   （10） обсудить подробности (детали)

   （11） координаты (адрес) офиса

   （12） беседовать с...

   （13） хорошая память

   （14） бизнес процветает

   （15） иметь возможность

   （16） вопросы, касающиеся...

   （17） поговорить после (как-нибудь на днях)

   （18） назначить конкретное время встречи

   （19） так себе

   （20） на всякий [пожарный] случай

2. **Составьте диалоги на следующие темы.** 根据情景设计对话。

   （1） Встреча старых знакомых

   （2） Обмен мнениями о ведении бизнеса

扫码查看更多习题

第三章　宴会招待

НА БАНКЕТЕ

1 邀请出席宴会
Приглашение на банкет

1. 今天我们公司设晚宴欢迎你们的到来。

   Сегодня наша компания устраивает праздничный ужин по случаю вашего приезда.

2. 我们公司总裁……先生打算今天晚上在……设宴，为贵团接风洗尘，不知是否方便？

   Директор нашей компании господин... собирается устроить сегодня вечером банкет в честь приезда вашей делегации, однако не знает, удобно ли это [место и время] для вас.

3. — 那我为合同的成功签订向大家表示祝贺！

   Ну что ж, поздравляю всех с успешным подписанием контракта!

   — 我们也同样向你们表示祝贺。

   Примите и вы наши поздравления.

   — 为表示庆祝，我们准备了一个小型宴会，请各位到大厅就座吧！

   Сегодня мы устраиваем небольшой банкет по поводу этого радостного события. Прошу всех пройти в банкетный зал!

4. 我们想邀请您出席我们分公司开业庆典。

   Мы хотим пригласить вас на банкет по случаю (в честь) открытия филиала нашей компании (церемонию открытия филиала / презентацию нашей компании).

5. 今天我们邀请您出席午宴（晚宴），是为了答谢您为我们代表团所做的一切。

   Сегодня мы приглашаем вас на обед (ужин), чтобы поблагодарить (в благодарность) за то, что вы сделали для нашей делегации.

答复语句
Ответные реплики

1. 谢谢邀请！至于宴会时间，客随主便。

Спасибо за приглашение! Что касается времени проведения банкета, то тут уж как хозяевам удобно.

2. — 谢谢你们的邀请，对此我们感到十分荣幸！

Спасибо вам за приглашение, для нас это большая честь!

— 您同意赏光，我们也很荣幸。

Для нас тоже большая честь, что вы согласились удостоить нас своим посещением.

3. — 我真想去，但……

Я бы с удовольствием, однако...

— 请别拘束，那里全是自己人。

Пожалуйста, не стесняйтесь, там будут все свои.

2 宴会开始
Начало банкета

1. 今天我们怀着极其愉快的心情欢迎来自……的贵宾！你们的来访是我们的莫大荣幸！

Сегодня мы с большой радостью принимаем у себя дорогих гостей из...! Для нас ваш визит (ваш приезд) всегда большая честь!

2. 首先，让我向在座的各位致以亲切的问候和美好的祝愿！

Прежде всего, позвольте мне сердечно поприветствовать всех собравшихся и выразить вам самые добрые пожелания.

3. 今天我们聚集一堂，是为了庆祝……为此，请接受我最衷心的祝愿！

Сегодня мы собрались здесь, чтобы отметить... Примите мои самые сердечные поздравления по этому поводу (случаю)!

4. 今天我们在这，一是为了庆祝合同成功签订，二是为给各位践行。

Сегодня мы собрались здесь, чтобы отметить успешное подписание контракта и проводить вас.

5. 酒席已经准备好了，请大家入席！

Стол уже накрыт, прошу к столу!

3 祝酒词
Тосты, пожелания на банкете

1. 我注意到所有人的杯子都满着，让我们为了今天的聚会干杯！

   Итак (я смотрю), бокалы уже наполнены. Позвольте поднять первый бокал (предложить первый тост) за нашу встречу!

2. 我看到酒杯都空了，请大家都满上，也请允许我为了这杯酒题个祝酒词。

   Я вижу, у всех пустые бокалы. Наполните их, пожалуйста. Мне хотелось бы произнести тост.

3. 来，为咱们的合作愉快，干杯！

   За успешное сотрудничество!

4. 请允许我向东道主敬一杯！

   Разрешите мне поднять бокал за хозяев!

5. 分别之前，我提议（让我们举杯），为……干杯！

   На прощание я предлагаю всем (прошу всех поднять бокалы и) выпить за...!

6. 请允许我代表自己和在座的各位祝您……

   Разрешите мне от себя лично и от имени всех присутствующих поздравить вас с...

7. 祝您和您的公司前程似锦！

   Желаем вам и вашей компании процветания и финансового благополучия!

8. 祝您一切顺利！

   Желаю вам благополучия (успехов во всём)!

9. 祝您万事如意（心想事成）！

   Пусть всё задуманное вами исполнится!

10. 希望你们在……期间工作顺利，生活开心！

    Надеемся, что вы, находясь в..., успешно поработаете и приятно проведёте время!

答复语句
Ответные реплики

1. 多好的祝酒词啊！

   Хороший тост!

2. 多谢吉言！也祝您身体健康，生意兴隆！

   Спасибо за добрые пожелания. Мы также желаем вам здоровья, долголетия, процветания вашего бизнеса (успехов в делах).

4 请慢用
Кушайте на здоровье

1. 饭菜太丰富了，简直不知道先吃什么好！

   Всего так много, что я прямо-таки не знаю, с чего начать.

2. 这盘菜太好看了！我都舍不得碰它。

   Какое красивое блюдо! Его даже жалко трогать.

3. 这道菜太好吃了！我向来赞赏中国的烹饪艺术！

   Какое вкусное блюдо! Я не перестаю восхищаться (всегда восхищаюсь) китайским кулинарным искусством!

4. 请帮个忙，把那个酱汁递给我，我非常喜欢中国的调料！

   Пожалуйста, сделайте одолжение (будьте добры), передайте мне вон тот соус, я обожаю китайские приправы!

5. 请允许我为您效劳。

   Позволите мне за вами поухаживать.

6. 让我再给您倒点酒好吗？

   Позвольте мне налить вам ещё немного вина?

7. 让我给您夹点菜好吗？

   Давайте я положу (добавлю) вам немного?

8. ……先生，您再吃点……

   Господин..., пожалуйста, съешьте ещё немного...

答复语句
Ответные реплики

1. 我建议您先尝一尝这个。
   Сначала попробуйте вот это.

2. 别客气，随便吃！
   Не стесняйтесь, кушайте на здоровье!

3. 尝尝这个，祝胃口好！
   Пожалуйста…, желаю приятного аппетита!

4. 太感谢了！
   Премного благодарен!

5. 够了！够了！我的酒量不大。
   Хватит, хватит! Я много не пью.

6. 谢谢，我已经酒足饭饱了。
   Спасибо, я уже ничего не хочу.

5 宴会结束
Завершение банкета

1. 非常感谢，我们今天晚上过得非常开心！
   Благодарим вас за чудесный вечер!

2. 谢谢你们的盛情款待！所有的菜都很好吃！难怪都说中国菜好吃，真是名不虚传。
   Благодарю за угощение, всё было очень вкусно! Недаром все хвалят китайскую кухню, она действительно этого заслуживает.

3. 非常感谢你们，专门为我们准备了这么丰盛的晚宴。
   Большое вам спасибо за роскошный банкет, который вы для нас организовали (устроили).

4. 你们的热情好客使我们深受感动。
   Мы глубоко тронуты вашим гостеприимством.

📝 Упражнения 练习

1. **Составьте предложения, употребляя следующие конструкции.** 用下列词组或短语造句。

   （1）поднять бокал

   （2）пожелать успехов в работе и приятного времяпрепровождения

   （3）приятно провести вечер

   （4）пригласить на банкет

   （5）наполнить бокал

   （6）поздравить... с... (кого-л. с чем-л.);

   （7）процветание и развитие

   （8）от себя лично и от имени всех присутствующих

   （9）приглашать к столу

   （10）поднять бокал за хозяев

   （11）пожелать здоровья, долголетия, процветания бизнеса (успехов в делах)

   （12）поднять первый бокал (предложить первый тост) за встречу

   （13）сердечно поприветствовать... (кого-л.) и выразить самые добрые пожелания

   （14）исполнение всех желаний (воплощение в жизнь всего задуманного)

   （15）налить вина

   （16）дать прощальный банкет в честь... (устроить проводы для...)

   （17）принимать поздравления;

   （18）банкет по случаю (в честь) открытия компании / церемония открытия (презентация) компании

   （19）устраивать банкет

   （20）дать банкет в честь приезда / устроить обед по случаю приезда [гостей]

   （21）наесться и напиться вдоволь

2. **Составьте диалоги на следующие темы.** 根据情景设计对话。

   （1）Приглашение на банкет

   （2）На банкете

扫码查看更多习题

第四章 电话沟通

ТЕЛЕФОННЫЙ РАЗГОВОР

① 交谈开始
Начало разговора

1. 喂！是……公司吗？

   Алло! Это компания...?

2. — 您好！是……先生吧？

   Здравствуйте, это господин...?

   — 喂，是我！

   Да, я слушаю!

3. 您好！请讲话。

   Здравствуйте, я вас слушаю.

4. 听不清楚，请重打一下。

   Плохо слышно, перезвоните, пожалуйста.

5. 您好，请问是哪位？

   Здравствуйте, с кем я разговариваю (кто у телефона)?

6. 请接一下……

   Пожалуйста, соедините меня с...

7. — 您可能打错了，您拨的什么号？

   Вероятно, вы ошиблись номером. Какой номер вы набирали?

   — 对不起，打扰了，下次注意。

   Извините за беспокойство, в следующий раз буду внимательней.

8. 哦，……先生！很高兴听到您的声音！

   О, господин...! Рад вас слышать (рад слышать ваш голос)!

9. 好久没通话了，您最近怎么样？

   Давно мы с вами не созванивались, как ваши дела?

10. 真对不起，我现在很忙。请您下午再给我打电话。

    Прошу прощения, сейчас я очень занят. Перезвоните мне, пожалуйста, после обеда.

11. 我下午……点从单位给您打过电话，可是没有打通。

    После обеда я звонил вам с работы, но не дозвонился.

12. 我上午往您办公室打过几次电话，但没有人接（老是占线）。

    Я звонил вам в офис до обеда несколько раз, но телефон не отвечал (всё время было занято).

13. ……先生，如果您有时间的话，我想同您商量……问题。

    Господин..., если у вас есть время, я хотел бы посоветоваться с вами (проконсультироваться у вас) по вопросу о...

14. 我是为我们昨天谈的那件事儿给您打电话。

    Я звоню вам по делу, о котором мы вчера с вами говорили.

15. 我今天打电话是向您告辞的。本来想去您家当面告别，但遗憾的是实在抽不出时间。

    Я звоню, чтобы попрощаться с вами. Я, вообще-то, хотел зайти к вам откланяться лично, но, к сожалению, не успел, так и не смог выкроить время.

2 听电话
Пригласите... к телефону

1. 劳驾，我想同……先生讲话，他在办公室吗？

   Простите, я хочу поговорить с господином..., он в офисе?

2. 可以请……先生听电话吗？

   Можно пригласить к телефону господина...?

3. 劳驾，请叫……听电话，有急事！

   Будьте добры, пригласите к телефону, дело очень срочное!

答复语句
Ответные реплики

1. 请问您是……？

   А кто его спрашивает?

2. 请稍等，我去叫他。

Пожалуйста, подождите немного, я его приглашу.

3. 他一会儿就来，您别挂断电话。

Он сейчас подойдёт, не вешайте трубку.

4. 是的，但是他正在和客户开会。

Да, но он как раз сейчас на переговорах.

5. — ……先生不在，有什么事要转告他吗？

Господина… сейчас нет на месте, что-нибудь ему передать?

— 谢谢，没什么。请告诉他我一会儿再打过来。

Нет, спасибо. Скажите, что я перезвоню позже.

— 请转告他，……先生给他打过电话，让他有空的时候回个电话。

Пожалуйста, передайте ему, что звонил господин… Пусть он мне перезвонит, я буду ждать.

6. — ……先生已经走了。

Господин уже ушёл.

— 怎么会这样呢？我和他约好见面的！

Как же так? Мы же с ним заранее договаривались о встрече!

3 有什么消息
Какие новости

1. 关于……事情有什么消息吗？

Есть ли какие-либо новости по…?

2. 您有什么好消息？

Какие у вас есть хорошие новости? (Чем хотите нас порадовать?)

3. 我想了解一下，……问题解决得怎么样了？

Мне хотелось бы узнать, как обстоят дела с решением вопроса относительно…

4. 这个问题有没有什么进展？

Есть ли какие-либо сдвиги (прогресс) в решении этого вопроса?

5. — 请您不要有任何隐瞒，有话直说！

Пожалуйста, не нужно ничего скрывать, говорите прямо (всё как есть)!

— 我们没有什么可隐瞒的。

Нам нечего скрывать.

6. 我们委托您的那件事有进展吗？

Вы выполнили наше поручение?

答复语句

Ответные реплики

1. 我给您带来了好消息。

У меня для вас хорошая новость.

2. — 我很高兴地通知您，……

Я с радостью сообщаю вам, что...

— 这真是个令人高兴的消息！

Это действительно радостная весть!

— 那再好不过了！

Ну и замечательно! (Лучше не бывает!)

3. 一切就绪。

Всё в полном порядке. (Всё идёт как надо.)

4. 事情好像有些眉目了。

Кажется, дело пошло на лад (в деле появился некоторый прогресс).

5. 看来，我的运气不错，情况好转了。

Кажется, нам везёт, ситуация изменилась к лучшему.

6. 谢天谢地，一切都顺利地解决了！

Слава Богу, что всё благополучно уладилось!

7. 如果我们能……，其余的问题就会迎刃而解。

Если нам удастся..., то все остальные проблемы разрешатся сами собой (всё остальное уладится без проблем).

8. 您求我们办的事已经办好了，现在就看您的了。

Мы сделали всё, о чём вы просили, теперь дело за вами.

9. — ……先生，少安毋躁！一有结果我们立即通知贵方。

Имейте терпение, господин...! Как только будет известен результат, мы сразу же уведомим вас (сообщим вам).

— 那我期待着您的好消息了。

В таком случае, буду ждать от вас хороших известий.

10. 遗憾的是，事情不像我们预想那样顺利。

К сожалению, не всё идёт так гладко, как мы предполагали.

11. 我不得不告诉您一些不好的消息。

Я вынужден сообщить вам неприятные известия.

12. 我很遗憾地通知您……

К сожалению, должен вам сообщить, что...

13. 这果然不出所料。

Этого следовало ожидать. (Я так и знал.)

14. 没有办法，情况也许会变得更糟。

Что ж (ничего не поделаешь), могло быть и хуже.

15. 哎，谈不上什么好消息，但我们还是抱有希望。

Э-хе-хе... О хороших новостях говорить не приходится, однако мы пока не теряем надежды на лучшее.

16. 很遗憾，情况没好转。

К сожалению, нет, ситуация не улучшилась.

17. 暂时没什么进展，因为我们遇到了一系列棘手的问题。

Пока никаких сдвигов (изменений в лучшую сторону) нет, так как мы столкнулись с рядом трудноразрешимых проблем.

18. ……先生，事情不太妙。

Плохи дела, господин...

19. — 可惜，计划落空了，我们不得不另寻出路。

Наш план, к сожалению, провалился, придётся искать другой выход из положения (путь решения проблемы).

— 希望下次我们能更幸运。

Будем надеяться, что в следующий раз нам повезёт больше.

20. 结果是令人失望的。

Результат оставляет желать лучшего (разочаровал всех).

21. 我们已经尽力了，但至今仍没有结果。真是得不偿失啊！

Мы сделали для этого всё возможное (приложили максимум усилий), однако до сих пор нет никакого результата. Вот уж, действительно, игра не стоит свеч (цель не оправдывает средства)!

4 交谈结束
Завершение разговора

1. 好，那明晚等您的好消息。

Ладно, завтра вечером я буду ждать от вас хороших известий.

2. 好，那我们明天再通一下电话。

Хорошо, созвонимся завтра.

3. 这件事电话里谈不方便，我们最好能面谈。

Это не телефонный разговор, нам непременно нужно переговорить с глазу на глаз.

4. ……先生，谢谢您的电话，再见！

Спасибо за звонок (спасибо, что позвонили), господин... До свидания!

Упражнения 练习

1. **Составьте предложения, употребляя следующие конструкции. 用下列词组或短语造句。**

　（1）　связываться по телефону (созваниваться)

　（2）　попрощаться с...

　（3）　говорить прямо (всё как есть; начистоту)

　（4）　передать [на словах] (кому-л. что-л.)

　（5）　искать другой выход из положения (путь решения проблемы)

　（6）　до сих пор нет никакого результата

　（7）　о... не может быть и речи (говорить не приходится)

　（8）　ситуация изменилась к лучшему

（9）будьте добры (будьте любезны, сделайте одолжение),...

（10）телефон не отвечает (никто не берёт трубку)

（11）позвонить ещё раз (перезвонить)

（12）вообще-то (первоначально), я хотел...

（13）кажется (по-видимому; очевидно),...

（14）плохо слышно (не расслышал)

（15）дело пошло на лад (в деле появился некоторый прогресс)

（16）ничего не поделаешь...

（17）телефон всё время занят

（18）слава Богу, что...

（19）хорошая новость (радостная весть)

（20）всё благополучно уладилось

2. **Составьте диалоги на следующие темы.** 根据情景设计对话。

（1）Разговор по телефону с ответственным лицом

（2）Разговор по телефону с секретарем-референтом ответственного лица

扫码查看更多习题

第五章 开始谈判

НАЧАЛО ПЕРЕГОВОРОВ

1 请入座

1. — ……先生，我希望您的来访将有助于解决我们双方都关心的……问题。

   Господин..., я надеюсь, что ваш визит будет способствовать разрешению (ускорить разрешение) насущного для обеих сторон вопроса о...

   — 对不起，让您久等了！路上耽误了。

   Извините за опоздание (что заставил вас так долго ждать)! Задержался в дороге.

2. — ……先生，请进！很高兴见到您！

   Входите, господин...! Мы очень рады вас видеть!

   — 我也很高兴同你们见面。

   Мне тоже очень приятно встретиться с вами.

3. ……先生，非常感谢您的到来！

   Большое спасибо, что пришли, господин...!

4. 感谢您能在百忙之中抽出宝贵的时间和我们会面！

   Большое вам спасибо за то, что, несмотря на свою занятость, вы смогли выкроить время и прийти на нашу встречу!

5. ……先生，请进！大家正恭候您的光临。

   Проходите, пожалуйста, господин..., ждёт вас.

6. 诸位，请入座！

   Прошу всех к столу! (Прошу занимать места!)

7. 先生们，请就座吧。请就像在自己家里一样！

   Господа, пожалуйста, присаживайтесь. Чувствуйте себя как дома!

8. 请随便坐，我们开始吧！

   Располагайтесь поудобнее. Начнём!

2 开始吧
Начнём

1. 我们时间不多，但事情不少，所以我们希望现在就开始谈判。

   Наше время ограниченно, а работы (дел) очень много, поэтому нам хотелось бы начать переговоры прямо сейчас.

2. 要是您不反对，咱们就直接谈业务吧。

   Если вы не против, то мы сразу же (без лишних слов) перейдём к делу.

3. 让我们开始讨论吧。

   Давайте начнём наше обсуждение.

4. 万事开头难，依您看，我们从哪个问题开始好呢？

   Лиха беда — начало. Как, по-вашему, с чего лучше начать?

5. 我们先谈什么问题呢？

   С какого вопроса мы начнём?

答复语句
Ответные реплики

1. 我们不反对。

   Мы не возражаем.

2. ……先生，您先别忙，先让我喘口气。

   Пожалуйста, не торопитесь, господин..., сначала дайте мне отдышаться (перевести дух).

3. — 先喝杯茶吧！

   Почему бы нам для начала не выпить по чашечке чаю?

   — 好，谢谢！

   Спасибо, хорошая идея!

4. — 不着急，咱们先喝点咖啡，提提精神。

   К чему спешить? Давайте сначала выпьем кофе, взбодримся.

   — 好的，好的开始是成功的一半！

   Почему бы и нет! (С удовольствием!) Хорошее начало — половина успеха!

5. 别着急，请用茶，咱们慢慢谈。

Не спешите, выпейте чаю, а потом мы с вами спокойно (обстоятельно) — всё обговорим.

6. 首先我想澄清几个有关……问题。

Прежде всего мне хотелось бы выяснить несколько вопросов, связанных с...

7. 首先我们必须考虑……这一重要因素。

Для начала нам необходимо обсудить такой важный момент, как...

8. 让我们直接从最重要的问题入手吧。

Давайте начнём прямо с главного вопроса.

9. — 我建议咱们从……这个难题入手吧。

　　Я предлагаю начать с такого трудного вопроса, как...

— 这是后话，现在我们当务之急是……，所以咱们先商讨这个问题吧。

　　Это дело будущего, а сейчас нашей первичной (первостепенной) задачей является..., поэтому давайте сначала обсудим этот вопрос.

10. 先生们，让我们先讨论……吧！这是我们最关心的问题（这个问题目前亟待解决）。

Господа, давайте сначала обсудим...! Этот вопрос для нас наиболее актуален (Этот вопрос требует немедленного разрешения).

11. 我们目前最迫切的任务是……

В настоящее время самой актуальной (насущной) для нас задачей является...

12. 我们要尽快解决……，其他事情不着急！

Нам нужно срочно решить (уладить) вопрос о..., остальные дела подождут!

3 希望磋商成功
Выражение надежды на успех переговоров

1. ……先生，首先我想感谢您，盛情邀请我访问贵公司，希望这次访问能增进我们之间的友好关系，推动日后的良好合作。

Господин..., прежде всего, я хочу поблагодарить вас за приглашение посетить вашу компанию с визитом. Я надеюсь, что этот визит будет способствовать укреплению (развитию) дружеских связей и плодотворного делового сотрудничества между нами.

2. 我们真诚地希望这次会谈能成为我们双方合作的良好开端（为我们双方的合作打下良好基础）。

   Мы искренне надеемся, что эти переговоры станут хорошим началом сотрудничества между нашими двумя сторонами (заложат хорошую основу в деле нашего двустороннего сотрудничества).

3. 希望我们今天的合作能够圆满成功！

   Надеюсь, что наше сегодняшнее сотрудничество будет успешным (плодотворным)！

4. 希望本次会谈能在短时间内达成协议。

   Будем надеяться, что в этот раз нам удастся в короткие сроки прийти к соглашению.

5. 希望我们的这次会谈能达到预期的效果。

   Я надеюсь, что в ходе этой встречи мы сможем достигнуть ожидаемого результата.

6. 关于……已经敲定，希望今天就……问题也能达成一致意见。

   Мы уже договорились с вами насчёт..., надеюсь, что и сегодня также сможем прийти к единому мнению по вопросу о...

7. 尽管我们就……问题意见不一致，但是我希望今天咱们能找出双方都能接受的方案。

   Несмотря на то, что наши мнения по вопросу о... не совпадают, однако, я надеюсь, что сегодня нам удастся найти вариант, который устраивал бы обе стороны.

答复语句

Ответные реплики

1. 我们也对这次磋商抱有很大的希望。

   Мы также питаем большие надежды на эти переговоры.

2. 希望如此。

   Будем надеяться, что так и будет. (Дай Бог, чтоб было так.)

3. 我也希望是这样。

   Я тоже на это надеюсь.

Упражнения　练习

1. **Составьте предложения, употребляя следующие конструкции.** 用下列词组或短语造句。

   （1）чувствовать себя как дома

   （2）[с почтением] ожидать прибытия... (кого-л.)

   （3）обсудить вопрос относительно...

   （4）выяснить вопрос о...

   （5）искренне надеяться

   （6）двустороннее сотрудничество

   （7）способствовать укреплению/развитию дружеских связей и плодотворного делового сотрудничества

   （8）как можно скорее разрешить вопрос

   （9）главный вопрос

   （10）стать хорошим началом (заложить хорошую основу) для...

   （11）задержаться в дороге

   （12）заставить кого-л. долго ждать

   （13）начать (разговор) с...

   （14）несмотря на то, что... , однако...

   （15）договориться насчёт...

   （16）не иметь возражений

   （17）достигнуть ожидаемого результата

   （18）посетить компанию с визитом

   （19）вопрос, требующий немедленного разрешения

   （20）наиболее актуальный/интересующий вопрос

   （21）принять участие в переговорах/деловой встрече

   （22）способствовать решению вопроса (ускорить решение вопроса)

2. **Составьте диалог на следующую тему.** 根据情景设计对话。

   Начало переговоров о поставке товаров

扫码查看更多习题

第六章 谈判过程

В ХОДЕ ПЕРЕГОВОРОВ

1 开始讨论
Давайте обсудим

1. 我们还有其他事宜需要讨论吗?

   У нас есть ещё другие вопросы, требующие обсуждения?

2. 我们有个问题没弄清楚。

   У нас остался невыясненным ещё один вопрос.

3. 接下来要解决几个关于……问题。

   Далее нам предстоит решить несколько вопросов, связанных с...

4. 我想有必要讨论一下……

   Я думаю, есть необходимость обсудить...

5. 现在我们必须抓紧讨论……

   Сейчас нам нужно вплотную заняться обсуждением...

6. 还有几个细节必须谈一谈,特别希望和你们讨论……

   Есть ещё несколько нюансов, которые необходимо обговорить. В особенности, нам хотелось бы обсудить с вами...

7. 让我们讨论一下……,我想,在这一问题上不会有什么严重分歧。

   Давайте обсудим... Я думаю, что по этому вопросу не должно возникнуть каких-либо серьёзных разногласий.

8. 为了避免日后的相互指责,我们有必要现在就明确一下双方的权责。

   Чтобы впоследствии не было взаимных претензий, давайте уточним обязанности сторон.

9. 让我们回到……问题上,这要再做协商。

   Давайте вернёмся к вопросу о... Это требует отдельного обсуждения.

答复语句

Ответные реплики

1. 这似乎是谈判中最复杂的一部分。

   Решение этого вопроса, очевидно, вызовет у нас самые большие затруднения.

   (Похоже, что это самый сложный момент переговоров.)

2. 我们还没触及……

   Мы ещё не касались...

3. 好像没有，都谈好了。

   Кажется нет, всё обсудили.

4. 请问这与咱们有什么关系呢?

   Позвольте спросить, а какое отношение это имеет к нашему делу?

5. 在谈这个问题之前，我很想知道……情况。

   Прежде чем обсуждать этот вопрос, нам хотелось бы узнать, как обстоят дела с...

6. 我觉得现在谈这个问题为时过早。

   Мне кажется, что на данный момент обсуждение этого вопроса преждевременно.

7. 让我们明天再来解决这个问题吧。

   Давайте отложим решение этого вопроса до завтра.

8. 这个问题我们先放一放，后面谈到……时还会涉及这个问题。

   Давайте пока оставим открытым (отложим на время) этот вопрос, впоследствии же, при обсуждении..., мы сможем вновь его коснуться (вернуться к обсуждению этого вопроса).

9. 这个问题我们上次不是已经谈好了吗?

   Разве мы в прошлый раз не разобрались с этим вопросом?

10. 我难道没有跟您提过这个?

    Разве мы с вами не говорили об этом?

2 直奔主题
Ближе к делу

1. 我们刚才说到哪儿啦？

   Так на чём мы с вами остановились?

2. 我们把话扯远了。

   Мы, однако, очень сильно отвлеклись.

3. 请大家不要离题太远了。

   Прошу вас не отвлекаться [от темы разговора].

4. 为节省时间，咱们闲话少说，直奔主题吧。

   В целях экономии времени, давайте оставим пустые разговоры и перейдём непосредственно к делу.

5. 让我们来谈谈实质问题。

   Давайте говорить по существу.

3 难题
Трудноразрешимый вопрос

1. 咱们讨论好几天了，可是越讨论问题越多，现在怎么办呢？

   Мы дискутируем уже несколько дней, однако вопросов становится всё больше и больше. Как же нам поступить (что же делать)?

2. 在这种情况下，真不知道该怎么处理。

   Мы не знаем, как быть (к чьему мнению прислушаться) в данной ситуации.

3. 我真不知道该怎么摆脱这种困境。

   Я понятия не имею, как нам выпутаться из этой [трудной] ситуации.

答复语句
Ответные реплики

1. 我看，咱们还是得回到最初的思路上去，把问题简化一下。

Я думаю, нам следует вернуться к самому началу наших рассуждений (обсуждений) и взглянуть на проблему проще.

2. 我刚想出一个好主意。

У меня только что созрел хороший план (родилась одна мысль; появилась одна идея).

3. 我倒有个办法。

Послушайте, я, кажется, знаю, как это сделать.

4. 我想，这一问题要由我们双方共同决定。

Я думаю, что эта проблема должна быть решена совместными усилиями.

4 谈判面临困境
Кризисная ситуация на переговорах

1. 我们要是再争斗下去，恐怕就要被抢先了（他人将坐收渔翁之利了）。
Если мы будем продолжать и дальше препираться с вами, то боюсь нас опередят (кто-нибудь другой вместо нас сорвёт куш).

2. 如果贵方坚持……，那么这次合作就可能达不成了（我们就只好另找客户了）。
Если ваша сторона будет настаивать на..., то, возможно, данная сделка не состоится (то нам ничего другого не останется, как искать другого партнёра).

3. 既然如此，这次我们就很难合作了，只能以后再找机会了。
Раз так, то нам будет очень трудно заключить сделку, придётся отложить наше сотрудничество до более подходящего случая (искать возможность сотрудничества в будущем).

4. 既然如此，那就没有什么必要再谈下去，我们只能放弃这次合作了。
Если так, то нет никакой необходимости продолжать беседу, мы просто-напросто отказываемся от этой сделки.

5. 我不想再争论下去了。如果你们不同意，合作就只好作罢。
Я не хочу спорить. Если вы не согласны, то нам придётся прекратить сотрудничество.

答复语句

Ответные реплики

1. 请相信，每个僵局都可以化解。

   Уверяю вас, (поверьте мне, что) из любого тупика можно найти выход.

2. 双方都付出了很多努力，老实说，我们舍不得放弃这次合作。

   Обе стороны приложили немало усилий, и, честно сказать, нам будет очень жаль отказаться от заключения этой сделки (будет очень обидно, если сделка сорвётся).

3. 各持己见是不明智的，我建议双方各让一步。

   Это неразумно, если каждый будет настаивать на своём мнении, поэтому я предлагаю обеим сторонам сделать шаг навстречу друг другу.

4. 如果您坚持己见，我们将寸步难行。这不仅对我们不利，对你们更不利。如果双方都做出一些让步，说不定这次合作就能达成了。

   Если вы будете настаивать на своём мнении, то мы будем связаны по рукам и ногам. Это не только невыгодно для нас, но в ещё большей степени невыгодно для вас. Если обе стороны пойдут на некоторые уступки, возможно, сделка всё же состоится.

5. 这笔生意对双方都有吸引力，所以需要双方都尽全力……

   Эта сделка имеет притягательную силу для обеих сторон, поэтому обе стороны должны приложить максимум усилий для того, чтобы...

6. 那我们只能表示遗憾。

   Что ж, нам очень жаль (мы можем только сожалеть об этом).

7. 这没什么，买卖不成情义在，欢迎将来继续合作。

   Ничего страшного. Надеемся, что несмотря на сегодняшнюю неудачную попытку заключения сделки, мы с вами останемся в хороших деловых отношениях и будем продолжать сотрудничество в дальнейшем (дальнейшее сотрудничество; сотрудничать и дальше).

5 休息一下
Давайте отдохнём

1. 那好吧，咱们先把这个问题放一下，喝咖啡，然后再做考虑。

   Ну хорошо, давайте отложим этот вопрос, выпьем кофе, а затем вновь вернёмся к обсуждению.

2. 会后咱们出去转转。

   Давайте на перерыве выйдем, развеемся немного.

3. 谈判太紧张了，让我们休息一下。

   Мы слишком увлеклись (Здесь слишком большое напряжение), нужно немного отдохнуть (расслабиться).

4. 我看，咱们今天先把手头的工作放一放，出去放松放松，反正离下次谈判还有……天，时间绰绰有余。

   Я предлагаю отложить все дела на некоторое время и сделать передышку, всё равно ведь до следующих переговоров у нас в запасе ещё… дней — времени предостаточно (время терпит).

5. — 对不起，我要出去打个电话，一会儿就回来。您先休息一下，看一下我们公司的介绍。

   Извините, пожалуйста, мне нужно выйти позвонить, через минуту вернусь. А вы пока отдохните, посмотрите рекламные проспекты нашей компании.

   — 您请便。

   Конечно, пожалуйста (Как вам будет удобно).

6 请原谅用词不当
Прошу прощения за слова

1. — 请您别怪我说的话。

   Прошу вас, не обижайтесь на мои слова.

   — 我一点也没想责怪。

   Я нисколько не обиделся.

2. 真对不起，我收回自己的话。

Прошу прощения, я беру свои слова обратно.

3. — 我讲这些话并没有其他用意，希望我的话没有冒犯到您。

Я сказал это без задней мысли. Надеюсь, я вас не обидел.

— 没什么，这种小事我不介意。

Да ничего, я абсолютно не обращаю внимания на такие мелочи.

4. 您也许误会我的话了，我说的并不是这个意思。

Возможно, вы неправильно истолковали мои слова (неправильно меня поняли), я совсем не это хотел сказать.

5. 也许我措辞不当，让我再解释一下。

Возможно, я неудачно сформулировал мысль (неудачно выразился), позвольте мне объяснить ещё раз.

6. 对不起，我说错了，我的汉语很糟糕……，事实上我的意思是说……

Извините, пожалуйста, я что-то не то сказал? Мой ужасный китайский... На самом деле я имел в виду...

✒ Упражнения 练习

1. **Составьте предложения, употребляя следующие конструкции. 用下列词组或短语造句。**

（1） оставить пустые разговоры

（2） перейти непосредственно к делу (вернуться к основной теме разговора)

（3） приложить немало усилий (отдать немало сил)

（4） честно сказать (говоря),...

（5） предложить сторонам сделать шаг навстречу друг другу

（6） настаивать на своём мнении

（7） уверяю вас,... (поверьте мне, что...)

（8） немного отдохнуть (развеяться; расслабиться)

（9） на самом деле, я имел в виду...

（10） найти выход из тупика (сдвинуть дело с мёртвой точки)

（11） пойти на взаимные уступки

（12） отложить решение вопроса до...

（13）вернуться к вопросу (к обсуждению вопроса) о...

（14）обсуждать другие вопросы

（15）коснуться вопроса

（16）вернуться к самому началу рассуждений

（17）отдельно обсуждать

（18）временно оставить вопрос открытым (отложить на время решение вопроса)

（19）сильно отвлечься (далеко отойти) от темы разговора

（20）не обращать внимания на мелочи

2. **Составьте диалоги на следующие темы.** 根据情景设计对话。

（1）　Ведение переговоров

（2）　Кризис на переговорах

扫码查看更多习题

第七章 谈判结束

ЗАВЕРШЕНИЕ ПЕРЕГОВОРОВ

1 问题谈妥
Вопрос исчерпан

1. 那咱们一言为定了。

   Ну что ж, по рукам (уговор дороже денег).

2. 这好说。

   На том и договоримся.

3. — 行，就这么定了，希望这点不会出现问题。

   Ладно, так и сделаем (пусть будет так). Будем надеяться, что здесь проблем не возникнет.

   — 话虽这么说，但做起来未必那么简单哪！

   Сказать-то легко, а вот сделать не так-то просто (вряд ли так просто).

4. 这么说，这个问题就算解决了，希望我们的构想很快就实现。

   Таким образом, этот вопрос можно считать решённым. Будем надеяться, что наш замысел очень скоро воплотится в жизнь.

5. 这件事算是办完了。

   Это дело можно считать решённым. (Можно сказать, дело сделано.)

6. 那么，原则性问题好像都解决了。

   Ну вот, кажется, все принципиальные вопросы решены.

7. 关于……问题我们似乎谈妥了，现在有必要回头解决……问题。

   Вопрос о... мы, кажется, обсудили. Теперь нужно вернуться [на несколько пунктов] назад, к решению вопроса о...

2 暂时谈到这儿吧
На этом пока закончим

1. 我想，今天就到此为止吧，协议的其他条款我们明天再谈。

   Думаю, на этом мы сегодня остановимся. Другие условия нашего соглашения мы обговорим завтра.

2. 我们暂时就谈到这儿吧！

   На этом пока закончим!

3. 已经很晚了，我们今天暂时到这儿吧！

   Уже поздно, пора заканчивать переговоры!

4. 那好，我们过两天再谈。

   Ну хорошо, продолжим нашу беседу через несколько (через пару) дней.

3 后会有期
До скорой встречи

1. 下次我们什么时候能见面？

   Когда мы с вами сможем встретиться в следующий раз? (Когда мы с вами встречаемся вновь?)

2. 如果没有别的事，我想先告辞了。

   Если нет других вопросов, то я хотел бы откланяться.

3. 很抱歉，半个小时后我要出席一个重要会议，所以请允许我先告辞了。

   Извините, но через полчаса мне нужно быть на одном важном совещании, поэтому позвольте откланяться.

4. 那么，我不再耽误您啦。

   Ну что ж, больше вас задерживать не буду.

5. 我得走了，祝您工作顺利！

   Я должен идти, всего доброго (счастливо оставаться)!

6. 请允许我陪您去……（送您回去）。

   Разрешите мне сопровождать вас до... (проводить вас домой).

7. 再见了！请留步。

   До свидания! Пожалуйста, не провожайте.

8. 再会！恕不远送。

   До свидания! Простите, что дальше не провожаю. (Прошу прощения, что не могу вас проводить.)

9. ……先生，回头见！

   До скорой встречи, господин...!

4 检查并签订合同
Проверка и подписание контракта

1. 协议的基本条款都谈好了，让我把这些条款再检查一遍，到时候免得出错。

   Мы обсудили все основные моменты (пункты) соглашения. Позвольте, я ещё раз их озвучу (повторю), чтобы исключить возможность ошибки (возможные ошибки).

2. 这是合同草案，中俄文对照，您仔细核对一下合同中的所有条款，也可以提出修改或补充的意见。

   Вот проект контракта, на китайском и русском языках. Пожалуйста, внимательно просмотрите (сверьте) все его пункты и выскажите своё мнение относительно [возможных] поправок или дополнений.

3. 为了准确起见，让我们再逐项检查一下协议的其他条款。

   Для верности, давайте ещё раз пункт за пунктом проверим остальные статьи соглашения.

4. 我们现在签合同应该没什么问题了。

   Сейчас у нас как будто бы нет никаких препятствий (проблем) для подписания контракта.

5. 如果贵方认为没有什么问题了，我建议现在就签合同。

   Если вы считаете, что всё в порядке (нет никаких недоработок), то я предлагаю прямо сейчас подписать контракт.

6. 好像没什么问题了，我现在就签合同。希望我们之间不会发生违约的事情。

   Кажется, всё в порядке, я подписываю. Надеюсь, что мы не допустим случаев нарушения контракта.

5 总结谈判结果
Подведение итогов переговоров

1. 让我们把讨论的问题做下总结吧！
   Давайте подведём итог обсуждению (итоги обсуждения)!

2. 今天的商谈加深了我们彼此的了解，并且在……问题上达成了共识。
   Сегодняшние переговоры улучшили взаимопонимание между сторонами, мы пришли к единому мнению по вопросу о...

3. 尽管双方面临的问题很多，但是我们的合作已经有了一个良好的开端。
   Несмотря на множество возникших перед нами проблем, нашему сотрудничеству было положено хорошее начало.

4. 我们已就协议各个要点取得一致意见，可谓大功告成了。
   Мы уже пришли к единому мнению по всем основным пунктам соглашения, как говорится, успех налицо.

5. 今天我们的谈话很有收获。我们双方已就合同的主要条款达成了协议，只需再明确一些细节问题即可。
   Сегодняшняя наша беседа оказалась очень успешной (плодотворной). Мы достигли соглашения по основным статьям контракта, осталось только уточнить некоторые нюансы (детали).

6. 今天的洽谈这么顺利，完全出乎我们的意料。这要归功于双方的坦诚相见。
   Мы и не предполагали (для нас было совершенно неожиданно), что сегодняшние переговоры будут настолько успешными. Это стало возможным благодаря доверительному отношению между двумя сторонами.

7. 先生们，我们一起进行了富有成效的工作，我想我们应该好好地休息一下。我想邀请大家到饭店吃个饭，然后在市区进行一次简短的游览。
   Господа, мы с вами плодотворно (результативно) поработали и, думаю, заслужили хороший отдых. Я приглашаю вас пойти пообедать в ресторане и совершить небольшую прогулку (экскурсию) по нашему городу.

8. 尽管我们付出了很大的努力，可还是没能达成协议。这样的结局并不是双方所乐见的，所以我建议……

Несмотря на то, что мы приложили большие усилия, нам всё же не удалось прийти к соглашению (достигнуть консенсуса). Такой результат (исход событий) вовсе не устраивает обе стороны, поэтому я предлагаю...

9. 很遗憾，这点上我们的看法不同，我从来没想到……会成为我们合作的绊脚石。

Очень жаль, что здесь наши точки зрения не совпадают. Я никогда не предполагал, что... может стать камнем преткновения в нашей сделке.

10. 看来，双方的分歧比较大，也许将来我们能在这个问题上达成共识。

Как видно, наши мнения очень сильно расходятся (в корне отличаются). Возможно, в дальнейшем нам удастся найти общий язык (общее решение / обоюдовыгодное решение) в этом вопросе.

11. 非常遗憾，我们之间的合作遇到了一些麻烦。

Очень жаль, что в процессе сотрудничества у нас с вами возникли определённые сложности (мы столкнулись с некоторыми сложностями).

12. 由于种种原因，我们的业务不能继续下去了，对此我们深感遗憾。

По ряду причин наше сотрудничество не может продолжаться, мы очень сожалеем по этому поводу.

6　希望加强合作
Выражение надежды на углубление сотрудничества

1. 几年来，我们一直合作得很愉快，希望今后能合作得更好。

Мы с вами плодотворно сотрудничали на протяжении нескольких лет, надеемся, что впредь наше сотрудничество будет ещё более успешным.

2. 希望我们双方今后有更多的业务交往！

Надеюсь, что в дальнейшем область деловых контактов между нами ещё более расширится.

3. 希望我们两家公司以后多多联系，多多合作。

Надеюсь на дальнейшее углубление связей и расширение сферы сотрудничества между нашими компаниями.

4. 希望我们双方能长期稳定地合作下去。

Надеемся на дальнейшее стабильное и долгосрочное сотрудничество между нашими сторонами.

Упражнения 练习

1. **Составьте предложения, употребляя следующие конструкции. 用下列词组或短语造句。**

   （1） пункт за пунктом проверить

   （2） расписываться (ставить подпись; подписывать [документ])

   （3） точки зрения не совпадают

   （4） вариант соглашения на... языке

   （5） чтобы исключить возможность (во избежание) ошибки

   （6） принципиальные вопросы

   （7） вопрос исчерпан

   （8） подводить итог обсуждению

   （9） прийти к единому мнению по всем основным пунктам соглашения

   （10） приложить огромные усилия

   （11） плодотворно (результативно) поработать

   （12） найти общий язык в вопросе о...

   （13） продолжать сотрудничать на стабильной и долгосрочной основе

   （14） внимательно просмотреть / сверить все пункты контракта

   （15） обсудить другие условия соглашения

   （16） возникли проблемы

   （17） уточнить некоторые нюансы (детали)

   （18） вернуться [на несколько пунктов] назад, к решению вопроса о...

   （19） высказать мнение относительно поправок или дополнений

   （20） проект контракта

2. **Составьте диалоги на следующие темы. 根据情景设计对话。**

   （1） Завершение переговоров

   （2） Уточнение деталей выполнения договора

扫码查看更多习题

第八章 提出要求（1）

ПРОСЬБЫ (1)

1 请介绍一下情况
Просим ознакомить с ситуацй

1. 这方面的情况，我们知道得不多，您能不能简单地介绍一下？

   Мы имеем смутное представление о ситуации в этой сфере, не могли ли бы вы вкратце ознакомить нас с ней?

2. 能否跟您咨询一下……问题？

   Не могли ли бы вы проконсультировать нас (предоставить нам информацию) по вопросу о...?

3. 请跟我说说，你们那里出了什么事儿啊？

   Расскажите мне, пожалуйста, что там у вас случилось?

4. 请您详细叙述一下事情的经过吧。

   Пожалуйста, расскажите подробно, как всё произошло (подробно опишите ход событий).

5. 我们偶然得知……，这事您怎么解释？

   Мы случайно узнали, что... Как вы это объясните?

6. 请您按先后顺序叙述一下……

   Пожалуйста, расскажите по порядку...

7. 请详细谈谈您昨天在电话里提到的事情吧。

   Пожалуйста, расскажите подробнее о том деле, о котором вы упомянули вчера по телефону (в телефонном разговоре).

答复语句

Ответные реплики

1. ……先生比我更了解情况，所以请他详细介绍一下。

   Господин... лучше меня владеет ситуацией, поэтому попросим его рассказать всё подробно (осветить подробности).

2. — 什么！难道您不知道吗？

　　Как! Неужели вы не знаете?

　 — 我对自己的落后感到羞愧。

　　Мне стыдно за свою отсталость.

3. 不必客气，我一定知无不言，言无不尽。

　Конечно-конечно (разумеется), я готов поделиться имеющейся у меня информацией.

4. 我不想过早谈论这件事，首先请允许我给你们看一些东西。

　Я не хочу раньше времени говорить об этом (забегать вперёд), для начала позвольте мне продемонстрировать вам кое-что.

5. — 　那么，首先请允许我给你们简单地介绍一下……（现在我来讲一讲……就这些了，我没有其他要说的了。）

　　Итак, для начала позвольте мне вкратце ознакомить вас с… (А сейчас я перейду к… Вот, кажется, и всё, мне больше нечего сказать.)

　 — 您的回答非常详尽，谢谢！

　　Спасибо вам за вполне исчерпывающий ответ.

6. 这件事我略知一二，请允许我解释一下吧。

　Я немного в курсе этого, позвольте мне всё объяснить.

7. 对这件事我一无所知，现在我要跟……联系一下，问清事情的原委。

　Я не имею об этом ни малейшего понятия (абсолютно не в курсе этих дел), сейчас попробую связаться с… и выяснить все подробности [дела].

8. — 这些我不是给您讲过了吗？

　　Я разве не рассказывал вам об этом?

　 — 您能讲详细一点儿吗？

　　Не могли бы вы рассказать (объяснить) чуточку поподробнее?

9. ……先生，您指的是哪一件事情？

　Какое дело вы имеете в виду, господин…?

10. — 还有什么需要解释的吗？

　　Нужны ли ещё какие-либо разъяснения?

　 — 没有了，等遇到新问题，再向您请教。

　　Нет. Если появятся вопросы, мы снова обратимся к вам.

2 请回答问题
Просим ответить на вопрос

1. 我想问您一件事，希望您能如实告诉我。

   Я хотел бы вас кое о чём спросить, надеюсь, что вы будете со мной откровенны.

   我准备回答您的一切问题。

   Я готов ответить на все ваши вопросы.

2. ……问题可以找谁谈呢？

   К кому можно обратиться по вопросу о...?

3. — 您能不能给我看关于……资料？

   　Не могли ли бы вы показать мне материалы по...?

   — 我恰好给您带来了……，您看一下。

   　Я как раз принёс для вас..., просмотрите, пожалуйста.

   — 稍等，让我想想，把它放哪儿了。

   　Одну минутку, дайте мне вспомнить, куда я их положил.

4. — 如果可以，请您回答我的问题……

   　Если можно, ответьте мне, пожалуйста, вот на какой вопрос...

   — 嗯，这倒是个难以回答的问题。

   　Да. Вопрос конечно интересный (трудный).

5. — 您能不能给我们一个确切的答复？

   　Вы можете дать нам точный ответ?

   — 这个问题我当场不好回答。

   　Я не могу с ходу (быстро; сразу) ответить на этот вопрос.

   — 这几天我们仔细考虑一下，下周给您答复。

   　На днях мы всё тщательно рассчитаем, а на следующей неделе сообщим вам результаты.

6. — 依您看，这可不可以实现？

   　Как, по-вашему, такое возможно (это осуществимо)?

   — 不好回答，这事将来会怎样，现在很难讲。

   　Понятия не имею. Никто не может сказать наверняка, как будут обстоять дела в будущем. (Сейчас очень трудно предугадать, как будут развиваться события в дальнейшем.)

7. 这种情况你们打算怎么处理?

Что вы собираетесь предпринять в данной ситуации?

8. — 关于……贵方有什么计划?

Какие у вас планы относительно...?

— 首先我们准备……，以后看情形再说。

Сначала мы собираемся..., а дальше будет видно по ситуации (в зависимости от ситуации).

9. ……先生，这件事您已经理出点头绪了吧?

Господин..., я надеюсь, вы уже вошли в курс дела (разобрались, что к чему)?

10. 请问，您为什么要放弃原来的计划呢?

Скажите, а почему вы хотите отказаться от первоначального плана?

11. — 明年能不能满足我们的需求呢，比如在产品的数量上?

А в следующем году вы сможете удовлетворить наш запрос, например, по количеству товара?

— 很抱歉，现在我还说不准，明年年初再跟我们联系吧。

К сожалению, сейчас мне трудно сказать наверняка. Свяжитесь с нами в начале следующего года.

12. — 最近有传言说……，但不知是否真有这种情况。

В последнее время ходят слухи, что..., не знаем, так ли это на самом деле.

— 这个我们也听说过。

Мы тоже слышали об этом.

— 不错，是有这种情况。

Верно, такой прецедент имел место.

— 我看，您的消息可真灵通啊!

Я вижу, вы очень хорошо осведомлены!

— 你们掌握的消息已经过时了。(你们的材料已经过时了。)

Информация, которой вы располагаете, уже устарела. (Имеющиеся в вашем распоряжении материалы уже устарели.)

13. 在……之前你们能准备好合同草案吗?

Вы сможете подготовить чистовой вариант соглашения к...?

14. 如果我们这样处理，贵方不会介意吧?

Вы не будете возражать, если мы поступим таким образом?

15. 您的表情都变了，出了什么事儿吗?

Вы прямо-таки в лице изменились, что-нибудь случилось?

16. 原因究竟是什么?

В чём же причина?

17. 对此您有什么看法?

Какая у вас точка зрения на этот счёт? (Что вы думаете об этом?)

18. ……给您留下了什么印象?

Какие у вас впечатления от...?

3 请说出意见
Просим поделиться мнением

1. 我们准备好了合同草案，请谈谈你们的意见吧。

Мы подготовили проект контракта, просим вас изложить свои замечания (высказать своё мнение).

2. 请就这一问题谈谈您个人的意见吧?

Просим вас высказать свои личные соображения (изложить свою точку зрения по этому вопросу).

3. 就这一问题你们有别的看法吗?

У вас есть иные соображения по этому вопросу?

4. 在……方面我的确是个外行，所以很想听听您对这一问题的观点。

Я несведущ (профан) в..., поэтому мне бы очень хотелось выслушать вашу точку зрения на этот счёт.

5. — 你们怎么看这种情况?

Как вы расцениваете данную ситуацию?

— 要看从哪一个立场看问题。

Смотря с какой позиции подходить к вопросу.

6. 请不要客气，如果有什么意见，就请直接提出来。

Пожалуйста, не стесняйтесь. Если есть какие-либо замечания, можете их высказать.

答复语句

Ответные реплики

1. 老实说，在这一方面我知道的不多。

   Честно сказать (говоря), я не очень хорошо разбираюсь в этой области.

2. 很遗憾，但这方面不是我的专长。

   Очень жаль, но я в этом не силён (это вне моей компетенции).

3. 真对不起，我对此一窍不通。

   Прошу прощения, я в этом ничего не понимаю (совсем не разбираюсь).

4. 说到……，我想先听听贵方的意见。

   Говоря о..., мне сначала хотелось бы выслушать ваше мнение.

5. 乐意为您效劳。

   Всегда к вашим услугам.

6. 如果你们不反对的话，我先开个头，然后……先生再发表高见。

   Если вы не возражаете, я начну, а затем попросим господина... высказать своё мнение.

7. — 坦率说，我方认为……

   Скажем прямо, наша сторона полагает, что...

   — 我很赞赏您的坦诚，把问题直接摆在桌面上来，这会有助于双方尽快消除分歧。

   Мы восхищены вашей прямотой (откровенностью/чистосердечием), умением ставить вопрос ребром. Это (такой подход) поможет нам быстро устранить разногласия.

8. — 对这个问题我个人有些想法，不知当讲不当讲?

   У меня есть некоторые собственные соображения по этому вопросу, не знаю, стоит ли их озвучивать?

   — 不用客气，……先生，请说说您的想法。

   Не скромничайте, господин... Пожалуйста, говорите.

9. — 我认为……

Я полагаю, что...

— 我们肯定会顾及贵方的意见。

Мы непременно учтём (примем во внимание) ваше мнение.

— 我明白您的意思了，那现在请允许我阐明我方的立场。

Я вас понял, а сейчас позвольте мне изложить нашу позицию.

10. 依我看，这件事值得一试，您看怎么样？

По-моему, это дело очень выгодное (игра стоит свеч), а каково ваше мнение (как вы полагаете)?

11. — 我觉得……，但这只是猜测而已。

Мне кажется, что..., однако это всего лишь мои предположения.

— 顺便说一下，我也有过这种想法。

Кстати, у меня была подобная мысль.

4 请提出建议
Просим высказать предложение

1. 就……问题，您有什么建议吗？

У вас будут какие-либо предложения?

2. 对这一问题您有什么具体的解决办法吗？

Вы можете предложить (у вас есть) какой-либо конкретный вариант решения данной проблемы?

3. 您看，这个事情怎么处理比较好？

Как вы думаете, как это лучше уладить?

4. 请您给出个主意吧，我该怎么办？

Пожалуйста, посоветуйте, как мне быть? (Как, по-вашему, мне следует поступить?)

5. 在……方面我们还没有多少经验，所以想请教您一下这个问题。

У нас ещё мало опыта в..., поэтому мы хотели бы посоветоваться с вами по этому вопросу.

6. 在这方面我是个新手，希望您多多指教。

Я новичок в этой области, поэтому очень надеюсь на ваш совет и поддержку.

7. 那您有什么建议吗？

   В таком случае, что вы предлагаете?

答复语句

Ответные реплики

1. 我建议……，但不知贵方是否认为妥当。

   Я предлагаю..., однако не знаю, сочтёте ли вы это удобным (целесообразным).

2. 我建议……，但您是领导，最后还得由您决定。

   Я предлагаю..., однако вы начальник, и окончательное решение за вами.

3. 我建议……，就我们的处境来说，这是最合理的决定，不是吗？

   Я предлагаю... В нашей ситуации, это самое разумное решение, не правда ли?

4. 我建议……，这就算不是最佳的方案，至少不失为一个办法。

   Я предлагаю... Пусть даже (если даже) это и не идеальный, но всё же вариант (выход из положения).

5. 根据目前的情况来看，这是唯一的解决办法。

   Судя по всему, (исходя из реальной ситуации, можно сказать, что) это единственный выход из положения.

6. 依我看，最佳的做法是……，但我也不肯定，这仅仅是个建议。

   По-моему, лучше всего будет... (Я думаю, что самый оптимальный вариант это...) Однако я не настаиваю, это всего лишь предложение.

7. — 解决方法有两个……

   Есть два выхода (способа решения проблемы)...

   — 后一个对我们更为合适。

   Последний вариант нам больше подходит.

8. 最好的办法是以不变应万变。

   Самый лучший выход из создавшегося положения—это бездействие. (Я думаю, что лучше всего занять выжидательную позицию.)

9. 您对我们的建议有什么看法吗？

   Что вы думаете по поводу нашего предложения?

✏ Упражнения 练习

1. **Составьте предложения, употребляя следующие конструкции. 用下列词组或短语造句。**

   （1） по-моему,...

   （2） ходят слухи, что...

   （3） честно сказать (по правде говоря),...

   （4） испытывать большой интерес к...

   （5） проконсультировать (предоставить информацию)... (кому-л.) по вопросу о...

   （6） дать совет (подать идею)

   （7） наша сторона полагает, что...

   （8） с ходу ответить на вопрос

   （9） высказать предложение

   （10） подходить к вопросу с позиции...

   （11） по правде говоря,...

   （12） следует сказать (стоит озвучить)

   （13） дать точный ответ

   （14） подробно излагать (рассказывать)

   （15） выяснить все подробности [дела]

   （16） удовлетворить запрос

   （17） учесть (принять во внимание)... (чьё-л.) мнение

   （18） самый оптимальный (лучший) вариант

   （19） произвести впечатление на...

   （20） рассказывать по порядку

   （21） откровенно говоря,...

2. **Составьте диалоги на следующие темы. 根据情景设计对话。**

   （1） Просьба ознакомить с ситуацией

   （2） Просьба ответить на вопрос

   （3） Просьба поделиться мнением

   （4） Просьба высказать предложение

扫码查看更多习题

第九章 提出要求（2）

ПРОСЬБЫ (2)

1 请放宽条件/请准许
Просим пойти на уступки/просим разрешить

1. 目前我们碰到些困难，所以请贵方在这一问题上的条件放宽一些。

   Мы на сегодняшний день оказались в затруднительном положении, поэтому просим вас о некоторых поблажках в этом вопросе (просим облегчить условия).

2. ……先生，请您稍微灵活点儿，要不然我们不得不……

   Господин..., просим вас проявить гибкость, иначе мы будем вынуждены...

3. 如果这对你们没有太大区别，那就请贵方准许我们……

   Если для вас это не принципиально (нет большой разницы), то мы просим разрешить нам...

4. 请多给我一些时间，我得和……联系一下。

   Прошу вас дать мне побольше времени, я должен связаться с...

5. 我觉得，您可以给老客户一些优惠。

   Мне кажется, что для старых клиентов вы могли бы предоставить соответствующие льготы.

6. 我们已经是你们的老客户了，你们可否在……问题上做些让步？

   Мы ведь давние партнёры вашей фирмы, не могли бы вы пойти для нас на некоторые уступки в вопросе...?

7. 作为老客户，我们的要求是完全合理的，不是吗？

   Будучи вашим постоянным клиентом, мы вправе попросить вас об этом, верно? (Мы являемся вашим постоянным клиентом, и наша просьба вполне разумна, не так ли?)

8. 我们已经不是第一次合作了，你们能不能特殊安排一下？

   Мы с вами сотрудничаем уже не в первый раз, не могли бы вы в виде исключения...?

9. ……先生，请您体谅我方的苦衷！

   Господин..., прошу, поймите нас (войдите в наше положение)!

您也替我们想一下吧！

Войдите и вы в наше положение! (Но вы тоже должны войти в наше положение!)

答复语句
Ответные реплики

1. 考虑到我们将来的合作，我们准备破例……

   Ради нашего сотрудничества в будущем (Принимая во внимание планы нашего дальнейшего сотрудничества), мы готовы в виде исключения...

2. 我们不想失去老客户，所以为了促成这次合作，我们愿意给您做一些让步。

   Мы вовсе не хотим потерять своих старых клиентов, поэтому ради заключения сделки готовы пойти для вас на некоторые уступки.

3. 考虑到贵公司目前的难处，我们可以……

   Принимая во внимание нынешнее трудное положение вашей компании, мы можем...

4. 嗯，稍稍有点区别，但考虑到双方良好的业务关系，也为了今后的进一步合作，我们可以满足贵方的愿望。

   Хм, есть некоторая разница, однако, принимая во внимание хорошие торговые взаимоотношения между сторонами, а также ради дальнейшего сотрудничества, мы можем пойти вам навстречу.

5. 为了摆脱僵局，我方同意……

   Ради того, чтобы сдвинуть дело с мёртвой точки, мы согласны...

6. 这根本谈不上优惠！您也知道行情，不用我再解释。

   Об этом (ни о каких льготах) вовсе не может быть и речи! Вы знакомы с ситуацией на рынке, я думаю, мне не стоит снова повторяться.

7. 对不起，但我们不能承担超出职责范围的事情。

   Извините, но мы не можем взять на себя ответственность, выходящую за рамки наших служебных полномочий.

8. 这超出了我的权限范围。

   Это вне моей [служебной] компетенции. (Это выходит за рамки моих полномочий.)

9. 这件事我做不了主，要和……商量一下。

Решение подобных вопросов не входит в круг моих служебных обязанностей (я не вправе распоряжаться этими делами), поэтому мне необходимо проконсультироваться с...

10. 在这个问题上我们无法让步，还望你们能谅解。

Мы не можем пойти вам навстречу в этом вопросе, надеемся, что вы нас поймёте.

11. 我们注意到了贵方的要求，但现在还不能给你们什么具体的保证。

Мы приняли во внимание вашу просьбу, однако сейчас не можем обещать вам ничего конкретного (не можем дать вам никаких гарантий).

12. 可惜我们不能……这是我们经理的吩咐。

К сожалению, мы не можем..., это распоряжение директора.

2 请求帮忙/协助
Просим помочь/посодействовать

1. 如果贵方……，我们将非常感激！

Мы будем чрезвычайно благодарны, если ваша сторона...!

2. 如果不麻烦的话，我想请您帮忙处理一下……问题，先谢了！

Если вас не затруднит, просим оказать нам помощь в разрешении вопроса относительно... Заранее благодарим [вас за это].

3. ……先生，您是我们最后的希望！如您也帮不了这个忙，我们的计划就得完了。

Господин..., вы—наша последняя надежда! Если и вы не сможете помочь, то наши планы рухнут.

4. — ……先生，我们对您抱有很大的希望！

   Мы возлагаем на вас большие надежды, господин...!

   — 我们将尽力不辜负你们的希望。

   Постараемся не обмануть ваших надежд (ожиданий).

5. 这事还得恳请您帮帮我们，如果不是问题很严重，我也不会冒昧来打扰您。

Очень прошу вас помочь нам. Если бы дело не было столь серьёзным, я вряд ли бы осмелился побеспокоить вас.

6. 我有一事相求，您能不能为我们安排一下……

Я хотел бы попросить вас об одной услуге. Не могли бы вы организовать для нас...?

7. 请您在……面前替我说说情！

Пожалуйста, замолвите за меня словечко перед...

8. 恐怕我一个人不能胜任这项任务，还请您帮帮忙吧！

Боюсь, что мне одному не справиться (я один не в силах справиться) с этой задачей, прошу вас помочь мне.

9. 这项工作我们怎么也离不了您。

Здесь нам без вас никак не обойтись.

答复语句
Ответные реплики

1. 这件事不是我具体经手的，不过我可以帮您催一下。

Не я конкретно занимаюсь этим (это дело не в моём ведении), однако могу в некоторой степени посодействовать вам (помочь ускорить дело).

2. 请说吧，我们一向为客户利益着想，并且尽力妥善安排一切。

Да-да, мы готовы вас выслушать. Мы всегда заботимся об интересах наших клиентов и постараемся сделать всё наилучшим образом.

3. 我们公司随时准备给予你们协助。

Наша компания готова в любое время оказать вам содействие.

4. 我们对……很内行。需要的话，我们可以帮忙。

Мы собаку съели на... При необходимости мы можем (будем рады) вам помочь.

5. 这绝对没问题，我们能满足你们的要求。

Это не проблема (никаких проблем), мы можем удовлетворить вашу просьбу.

6. 我想，这事好办。

Я думаю, что это можно сделать (легко устроить).

7. 这事对我们来说易如反掌。

Для нас [сделать] это не составит никакого труда (пара пустяков).

8. ……先生，我会尽可能帮您的。

Господин..., я по мере возможности (всеми силами) постараюсь помочь вам.

9. 我们一定想方设法来……

Мы обязательно примем меры к... (изыщем способ для...)

10. 我尽量吧。

Я сделаю всё от меня зависящее.

11. 是啊，这真的很难办!

Да, это будет очень трудно сделать (задача не из лёгких)!

12. 试试看吧，但能否成功我也没有十分的把握。

Что ж, попробуем, однако стопроцентной уверенности относительно успеха [данного мероприятия] у меня нет.

13. 这件事我很难向您保证。

Мне трудно обещать вам это.

14. 现在我不能向您作出任何保证，一切都将取决于……

На данный момент я не могу вам дать гарантию, всё будет зависеть от...

15. 我会尽力去做，可是如果万一没有办成，也请多包涵。

Постараюсь, но, если не удастся—не взыщите.

16. 哎，对我们来说这并不容易，不过至少得试试。

Да, для нас это будет совсем непросто (отнюдь нелегко), однако, по крайней мере, мы должны попробовать (стоит попробовать).

17. 很抱歉，我只能拒绝。

К сожалению, я должен ответить отказом.

18. — 很遗憾，这事我实在是帮不上忙。

　　К сожалению, здесь я бессилен (ничем помочь не могу).

— 那太遗憾了。

　　Ну что ж, очень жаль.

19. 这种情况下我们未必能帮上忙。

Вряд ли мы можем чем-то помочь в этой ситуации.

20. 很抱歉，事实上现在没有这样的机会。

Очень жаль, на самом деле сейчас такой возможности нет.

3 请快点儿/按时/提前
Просим побыстрее/своевременно/заранее

1. 请您尽快拿出这一问题的解决方案，以便赶在……

   Просим вас как можно скорее найти способ решения данной проблемы, чтобы успеть...

2. 希望您能早点拿定主意。

   Надеемся, что вы поскорее (в ближайшие дни) примете решение.

3. 您可要当机立断，别错过大好时机呀！

   Вам нужно срочно (вовремя) принять решение (проявить решимость), ни в коем случае нельзя упускать такую прекрасную возможность!

4. 这事不容耽搁，我们要快点……

   Дело не терпит отлагательств, нам нужно поскорее (как можно скорее)...

5. 时间紧迫，请贵方赶快……

   Время не терпит, просим вас поторопиться с...

6. 尽管时间不多，你们还是要如期完成任务。

   Пусть времени мало, но всё-таки вам нужно выполнить задание в срок (вовремя).

7. 别再拖延时间了！

   Нечего больше тянуть время!

8. 延误时间等于自杀！

   Промедление смерти подобно!

9. 我们给你们三天时间，之后就不能再等了！

   Даём вам три дня, больше ждать мы не можем!

10. 我们无论如何都要……，所以请你们尽快……

    Нам любой ценой нужно..., поэтому просим вас побыстрее...

11. ……先生，最好我们能提前知道……

    Господин..., хорошо бы нам заранее знать о...

答复语句

Ответные реплики

1. 我们一有消息，就马上通知您。

   Как только мы получим конкретику, сразу же дадим вам ответ (вас известим/ сообщим вам).

2. 不用这么着急，我们有足够的时间处理这件事。

   К чему такая спешка? У нас достаточно времени, чтобы справиться с этой задачей.

3. 我们保证，一切都将按时完成。

   Мы обещаем (гарантируем) вам, что всё будет сделано вовремя.

4. 我们也不愿意就这样拖着这件事，可是事情不是我们说了算。

   Затягивать дело также не в наших интересах, однако не всё зависит от нас.

5. 别急，这不会占用太多时间。

   Не переживайте, это не займёт много времени.

6. 您可以放心，我们不会失信于贵方的。

   Можете быть спокойны, мы вас не обманем (не подведём).

7. 我用不着这么多时间做决定。

   Мне не потребуется так много времени, чтобы принять решение.

④ 信任
Вопрос доверия

1. — 君子一言，驷马难追！到时候可别反悔哟！

   Сказано — сделано. Смотрите, не передумайте к тому времени!

   — 我从来不说空话。

   Я никогда не бросаю слов на ветер.

2. 您可别忘了兑现自己的承诺！

   Не забудьте, однако, выполнить своё обещание!

3. ……先生，我一定记住您说的！

   Господин..., я ловлю вас на слове!

答复语句

Ответные реплики

1. 您放心好了！别的我们不敢说，在这方面我们是最有经验的，保证不会出问题。

   Будьте спокойны! В чём, в чём, а в этом у нас есть опыт (в этой области у нас накоплен довольно-таки большой опыт), и мы гарантируем, что проблем не будет.

2. 您不必多虑，我们绝不食言。

   Вы можете не волноваться, мы не отступимся от своего слова (сдержим своё обещание).

3. 您大可不必为此焦虑，我们公司向来是最讲信用的。

   Вам незачем переживать по этому поводу, наша компания всегда верна своему слову (заботится о своей репутации / держит марку).

4. 请放心，我们从来没叫客户为难过。

   Не переживайте, мы никогда не подводили своих клиентов.

5. 您别着急，我拿公司的信誉担保，我们将……

   Не волнуйтесь, я ручаюсь именем компании, что мы...

✎ Упражнения 练习

> **1. Составьте предложения, употребляя следующие конструкции. 用下列词组或短语造句。**
>
> （1）подвести (поставить в затруднительное положение)... (кого-л.)
>
> （2）выполнить обещание
>
> （3）стоит попробовать
>
> （4）просим проявить гибкость
>
> （5）никак не обойтись без...
>
> （6）не всё зависит от нас
>
> （7）если вас не затруднит,...
>
> （8）найти способ решения проблемы
>
> （9）не мочь (быть не в силах) справиться с этой задачей
>
> （10）представить себя на месте...

（11）дальнейшее сотрудничество

（12）неоднократно объяснять

（13）заранее благодарить

（14）пойти... (кому-л.) на уступки в вопросе...

（15）пойти навстречу [чьим-л. пожеланиям]

（16）не забудьте, однако...

（17）в противном случае (иначе)

（18）всё будет зависеть от...

（19）ускорить дело (ускорить решение этого дела)

（20）по крайней мере

（21）иметь чёткое представление относительно...

2. Составьте диалоги на следующие темы. 根据情景设计对话。

（1）Просьба пойти навстречу

（2）Просьба о помощи

（3）Просьба побыстрее принять решение

扫码查看更多习题

第十章 致歉与答谢

ИЗВИНЕНИЕ ЗА ДОСТАВЛЕННОЕ БЕСПОКОЙСТВО, СЛОВА БЛАГОДАРНОСТИ

1 为造成的不便而道歉
Извинение за доставленное беспокойство

1. 对不起，打搅您了！

   Простите, что я вас потревожил (помешал вам)!

2. 请原谅，耽误您的时间了。

   Простите, что отнял у вас время.

3. 我们让您多费心了，真是抱歉！

   Простите, что заставили вас беспокоиться.

4. 我们给您添了那么多麻烦，真不好意思。

   Нам очень неловко, что мы доставили вам так много хлопот.

5. — 麻烦您了！

   Извините за доставленное беспокойство! (Спасибо вам за ваши хлопоты!)

   — 哪里哪里，一点不麻烦。

   Ну что вы, о каком беспокойстве вы говорите!

2 谢谢介绍/消息/指教
Благодарим за объяснения/информацию/совет

1. 谢谢您提供的消息！

   Спасибо вам за предоставленную информацию!

2. 谢谢您的解释！

   Спасибо вам за разъяснения!

3. 您的一番话让我茅塞顿开，非常感谢您的指点！

   После ваших слов у меня словно пелена с глаз упала (словно просветление нашло). Спасибо, что подсказали!

4. 您的介绍让我长了不少见识。

   Я многое узнал благодаря вам. (Мой кругозор расширился благодаря полученной от вас информации.)

5. 您把情况介绍得那么详细，太感谢了！

Вы так подробно всё объяснили (ввели нас в курс дела), огромное спасибо!

6. 多谢您的劝告，我现在知道该怎么做了。

Большое спасибо за совет, теперь я знаю, как следует поступить.

7. — 多亏了您的指点。

Весьма признателен вам за совет (благодарю за указания). (Вы оказали мне большую честь своим советом.)

— 不用客气，欢迎随时来找我。

Пожалуйста, обращайтесь (соблаговолите обратиться) в любое время.

3 谢谢帮助/协助/配合
Благодарим за помощь/содействие/сотрудничество

1. 这事多亏了您的成全，非常感谢！

Огромное спасибо, всё только благодаря вам (вашей помощи)!

2. 您为我做了那么多事，应该好好谢谢您！

Я должен вас поблагодарить за то, что вы так много для меня сделали!

3. 您为我所作的这一切，真是不胜感激！

Я чрезвычайно вам признателен за всё, что вы сделали для меня.

4. 让您为这件事费心了，真是太感谢了！

Вы приложили так много усилий ради этого, большое вам спасибо!

5. 非常感谢贵方能同意我们的请求！

Спасибо, что выполнили нашу просьбу!

6. 请允许我再次感谢贵方积极求实的办事态度！

Позвольте ещё раз поблагодарить вас за конструктивный деловой подход в решении проблем!

7. 谢谢贵方给予我们的照顾！

Спасибо, что пошли нам навстречу (сделали для нас поблажку)!

8. 这次你们的确帮了我们，真是感激不尽！

   Мы вам бесконечно благодарны, вы действительно спасли нас!

9. 谢谢贵方给予我们的协助！

   Спасибо за содействие, которое вы нам оказали!

答复语句
Ответные реплики

1. 也谢谢您！令人高兴的是，我们找到了双方都能接受的解决方案。

   И вам спасибо! Мы очень рады, что нам удалось найти способ решения проблемы, устраивающий обе стороны.

2. ……先生，别客气，我们只是做了应该做的事情，再说这次洽谈的成功大都是贵方努力配合的结果。

   Господин..., не стоит благодарности, мы просто обязаны были это сделать. К тому же, успех нашей нынешней встречи имел место во многом благодаря вашему активному (всемерному) сотрудничеству (в большей степени благодаря вашему активному настрою на сотрудничество).

3. 您这是说哪里去了，要说辛苦和付出，我们都一样。

   Да ну что вы (о чём вы говорите)! Нам обоим пришлось похлопотать (если говорить о личном вкладе каждого, то тут мы оба постарались).

4. 若非我们之间的旧情，我们是不大可能同意按这种条件达成协议的。

   Если бы не наши давние связи, мы вряд ли согласились бы заключить сделку на таких условиях.

4 表达谢意的万能语句
Универсальные реплики для выражения благодарности

1. 再次感谢！

   Ещё раз большое спасибо!

2. 谢谢配合！

   Спасибо за сотрудничество!

3. 辛苦您了，……先生！我真不知怎样感谢您才好！

   Я доставил вам так много хлопот, господин..., прямо-таки и не знаю, как вас благодарить!

4. 我对你们的感谢之情难以言表。

   У меня даже (прямо-таки) не хватает слов, чтобы выразить вам свою сердечную признательность.

5. 拜托您了。

   Это очень любезно с вашей стороны.

6. 承蒙您费心，非常感谢！

   Я очень признателен вам за ваши труды (за ваше внимание / за вашу заботу).

答复语句

Ответные реплики

1. 对我来讲，这算不了什么。

   Мне это ничего не стоило.

2. 看您说的，不值一谢。

   Ну что вы, о чём вы говорите, не стоит благодарности.

3. 客气的话就免了吧。

   Не стоит благодарности, (давайте обойдёмся без любезностей).

4. 不用这么客气，我们是老朋友了！

   Перестаньте, мы же с вами друзья!

5. 您别客气，有什么问题或要求尽管提。

   Не стесняйтесь, если что-нибудь понадобится, можете обращаться в любое время.

Упражнения 练习

1. **Составьте предложения, употребляя следующие конструкции. 用下列词组或短语造句。**

   （1） весьма признателен (бесконечно благодарен); большое спасибо за...

（2）пойти навстречу (сделать поблажку)... (кому-л.)

（3）заключить сделку на таких условиях

（4）не находить слов

（5）успех нынешней встречи

（6）на самом деле

（7）доставлять (беспокойство) хлопоты... (кому-л.)

（8）к тому же...

（9）активный настрой на сотрудничество (дух сотрудничества)

（10）ещё раз поблагодарить

（11）только (исключительно) благодаря... (чьей-л.) помощи

（12）активное (всемерное) сотрудничество

（13）расширять кругозор

（14）простите (извините), пожалуйста

（15）прилагать усилия ради...

（16）в основном (во многом) благодаря...

（17）что касается меня,...

（18）извиниться за...

（19）выразить сердечную признательность

（20）это ничего не стоит (пустячное дело)

（21）не стоит благодарности

2. Составьте диалоги на следующие темы. 根据情景设计对话。

（1）Извинение за причинённое беспокойство (доставленные неудобства)

（2）Благодарность за объяснения (совет)

（3）Благодарность за помощь

扫码查看更多习题

第十一章　对待建议

OTBET HA ПРЕДЛОЖЕНИЕ

1 我们不反对
Мы не возражаем

1. 好的，这对我们完全合适。

   Хорошо, это нас вполне устраивает.

2. 可以，我同意，就这么办。

   Хорошо (ладно), я согласен, так и сделаем.

3. 关于这点我没有意见。

   На этот счёт у меня нет возражений.

4. 我们原则上不反对。

   В принципе, мы не возражаем.

5. 这完全符合实际情况，我们会同意的。

   Это вполне реально, скорее всего, мы согласимся.

6. 我想，这样安排是可以的。

   Я думаю, это подойдёт.

7. 这个条件与我方的计划不矛盾，所以可以接受。

   Это условие не противоречит нашим планам, поэтому мы можем его принять.

8. 是的，这样可以减少很多麻烦，您差不多已经把我说服了。

   Да, таким образом удастся избежать множества хлопот. Вы меня почти уговорили.

9. 依我看，这样办也行，但我首先得请示一下领导。

   На мой взгляд, такое тоже возможно, однако прежде я должен обратиться за указаниями (инструкцией) к начальству.

10. 我们本来没有这个打算，不过何乐而不为呢？

    Первоначально это не входило в наши расчёты (планы), однако (а впрочем) почему бы и нет?

11. 对我们来说这没有多大区别，怎样做由您自己决定。

Для нас нет в этом большой разницы, поэтому поступайте по своему усмотрению (как поступить—решайте сами).

12. — 这点你们可以按自己的想法去处理，我们完全相信贵方的能力。

Здесь вы можете действовать по своему усмотрению, мы на вас полностью полагаемся (верим в вас).

— 感谢您对我们的信任。

Благодарим вас за доверие.

13. 既然如此，我们没有就理由反对了。

Ну раз так, то у нас нет оснований для возражения.

14. 我没有意见，照您的意思办吧！

Ладно, деваться некуда (что мне с вами делать), пусть будет по-вашему!

15. 那我们豁出去！

Эх, была – не была! (Где наше не пропадало!)

② 这个主意太好了
Прекрасная идея

1. 这个建议很高明。

Это дельное (толковое) предложение.

2. 这个主意太好了！这正符合我们的想法。

Прекрасная идея! Это как раз отвечает нашим желаниям (как раз то, что нам нужно).

3. 您的想法不错，我们采纳您的建议。

Неплохо придумано, мы принимаем ваше предложение.

4. 您的建议很有价值，我们完全接受。

Ваше предложение очень ценное, мы целиком и полностью принимаем его.

5. 这真是个很吸引人的建议，可以冒点风险，俄罗斯人常说："谁不冒险谁就喝不上香槟酒。"

Действительно, заманчивое предложение, ради этого можно даже пойти на определённый риск. У русских есть такая поговорка: кто не рискует, тот не пьёт шампанского.

6. 这是一个非常好的办法！

Это хороший выход (отличный способ решения проблемы)!

7. 这个办法既能解决我们目前的问题，也符合双方的长远利益，所以我举双手赞成。

Данный способ не только решает наши насущные проблемы, но также соответствует долгосрочным интересам обеих сторон, поэтому я двумя руками «за».

3 需要考虑一下
Надо подумать

1. 那就是另一码事了，我们会认真考虑您的建议。

Это меняет дело (другое дело), мы обдумаем ваше предложение.

2. 嗯，我觉得，这一方案值得考虑。

Да, я думаю, стоит обдумать (обсудить) этот вариант.

3. 我理解您的意思了，……先生，我们会仔细考虑你们的提议。

Я вас понял, господин..., мы тщательно обдумаем ваше предложение.

好，那我们期待着你们的回音。

Хорошо, мы будем с нетерпением ожидать вашего ответа.

4. — 请允许我们慎重考虑一下贵方的建议。

Позвольте нам тщательно обдумать (обстоятельно взвесить) ваше предложение.

— 好，但我们希望能尽快从你们那儿得到明确的答复。

Хорошо, однако мы надеемся на скорейшее получение от вас утвердительного ответа.

5. — 我们不想冒险，所以需要搞清情况后才能做出决定。

Мы не хотим рисковать (очертя голову идти на риск), поэтому примем решение только после того, как тщательно взвесим все плюсы и минусы (досконально ознакомимся с ситуацией).

— 好了，我不催您了。

Хорошо, я вовсе не тороплю вас.

6. — 请给我们留一点考虑的时间。

Мы просим вас дать нам возможность подумать.

— 可以，这件事并不急。

Да-да, это дело неспешное.

7. 现在我不能给您明确的答复，我们还在考虑这个计划的可行性。

Сейчас я не могу дать вам определённого ответа, мы ещё думаем над возможностью осуществления этого плана.

 怀疑建议的可行性/合理性，提出条件

Сомнение относительно возможности/целесообразности реализации предложения; выдвижение своих условий

1. ……先生，您这个办法恐怕行不通。

Господин..., боюсь, что ваше предложение [относительно способа решения проблемы] нереально.

2. 这样做未尝不可，不过我没有十足的把握会成功。

Может быть это и возможно (стоит попробовать) сделать, однако я не совсем уверен в успехе.

3. 想得不错，但我就……有点怀疑。

Неплохо придумано, однако у меня есть некоторые сомнения относительно...

如果您还有疑虑，那我再说明一下。

Если вы всё ещё колеблетесь, я сейчас же развею ваши сомнения.

4. 这个办法倒是不错，不过目前的困难在于……

Это неплохой выход, однако на сегодняшний день трудность заключается в том, что...

5. 我觉得这未必可行。

Мне кажется, вряд ли такое возможно (это не даст никаких результатов).

6. 贵方建议……，但这对……有什么好处？我不太明白。

Вы предлагаете..., однако я не совсем понимаю, какая от этого польза (какой в этом смысл) для...

7. — 您不觉得，这个办法太复杂了吗？我们本来就有很多麻烦。

Не кажется ли вам этот вариант слишком хлопотным (сложным)? У нас и без того много проблем.

— 明白了，您的观点我也能理解。

Ясно, вас тоже можно понять.

8. 总的来看，……条款是可以接受的，但……对我们不完全合适。

В общем-то, мы могли бы принять условия (пункты договора) относительно...,
однако нас не вполне устраивает...

9. — 一般我们不接受……，但在一定条件下可以考虑。

Мы обычно не соглашаемся на..., однако на определённых условиях можем
это (такую возможность) обсудить.

— 请说说您的条件吧。

Пожалуйста, выскажите свои условия.

10. 希望贵公司……，只有这样，我们才能采纳这个建议。

Надеемся, что вы... Только в этом случае мы сможем принять данное
предложение.

11. 可以考虑，不过我们不得不提一个先决条件。

Это можно обсудить, однако мы вынуждены поставить одно [предварительное]
условие.

12. 业务能不能达成，很大程度上要看……

Успех сделки в большой степени будет зависеть от...

5 拒绝接受建议
Отклонение предложения

1. 这个主意不现实，就这个问题我们有另外的想法。

Эта идея неосуществима. (Этим делу не поможешь.) У нас есть другое решение
по данной проблеме.

2. — 请相信，这一定会落空的!

Уверяю вас, из этого точно (конечно же) ничего не получится!

— 那么，我收回刚才的提议。

В таком случае, я снимаю это предложение.

3. ……先生，我们没有机会……，问题就出在这儿。

Господин..., у нас нет возможности..., вот в чём проблема.

4. — 很遗憾，我们不能采纳您这个建议。

   К сожалению, мы не можем принять ваше предложение.

   — 希望你们再考虑一下我们的建议，这种机会很难得。

   Мы надеемся, что вы ещё раз обдумаете наше предложение, [потому что] это редкий шанс.

5. 这恐怕不行，请多包涵。

   Боюсь, что это невозможно (это нам не под силу), пожалуйста, не взыщите.

6. 那不行！这违反国际贸易惯例。

   Ну уж нет (так дело не пойдёт)! Это противоречит нормам международной торговли.

7. 不行，别劝了！我们的决定不会改变的。

   Нет, не уговаривайте! Наше решение окончательно и бесповоротно.

8. 我们仔细研究了你们的建议，认为这建议对我方来说没什么好处。

   Мы обстоятельно изучили возможность реализации вашего предложения и пришли к выводу, что это для нас абсолютно невыгодно (нам это будет в убыток).

9. 贵公司提出的条件不合理（不利于我方），所以请你们重新考虑一下自己的条件。

   Выдвинутые вами условия нерациональны (невыгодны для нас), поэтому мы просим вас пересмотреть свою позицию.

10. 您不觉得你们提出的条件太苛刻了吗，……先生？

    Не кажется ли вам, что условия, выдвинутые вашей стороной, слишком жёсткие (кабальные), господин...?

Упражнения 练习

1. **Составьте предложения, употребляя следующие конструкции.** 用下列词组或短语造句。

   （1）прийти к заключению (сделать вывод)

   （2）не кажется ли вам, что...

   （3）соответствовать долгосрочным интересам обеих сторон

（4）противоречить нормам международной торговли

（5）стоит обдумать (обсудить)

（6）на этот счёт...

（7）взвешивать плюсы и минусы

（8）пересмотреть свою позицию

（9）вполне устраивать... (кого-л.)

（10）благодарить... (кого-л.) за доверие по отношению к... (кому-л.)

（11）трудность на сегодняшний день заключается в том, что...

（12）быть вынужденным

（13）на мой взгляд (по-моему),...

（14）отвечать желаниям (быть по душе)

（15）полностью полагаться на... (кого-л.)；верить в... (кого-л.)

（16）пожалуйста, позвольте (разрешите) нам...

（17）избежать множества хлопот

（18）иметь некоторые сомнения относительно...

（19）не вполне устраивать... (кого-л.)

（20）ладно, деваться некуда (что с вами делать)

2. Составьте диалоги на следующие темы. 根据情景设计对话。

（1）Одобрение предложения

（2）Отклонение предложения

扫码查看更多习题

第十二章 对待客户的意见

ОТНОШЕНИЕ К МНЕНИЮ ПАРТНЁРА

1 赞成客户的看法
Согласие с точкой зрения партнёра

1. 对，是这样。

   Да, это так (это верно).

2. 说的也是！

   И то правда! (Тоже верно!)

3. 您说的完全正确！（我完全同意您这种说法。）

   Вы абсолютно правы. (Я полностью согласен с вашей точкой зрения.)

4. 谁也不否认这个事实。

   Никто и не отрицает этого факта.

5. 您说的完全在理。

   Ваши слова совершенно справедливы.

6. 我真的无话可说。

   Мне действительно нечего возразить в ответ.

7. 我甘拜下风。（我认输！）

   Что ж, признаю себя побеждённым. (Я сдаюсь! Тут уж я пас!)

8. ……先生的话很有道理。

   В словах господина... есть резон. (Слова господина... вполне справедливы.)

9. ……先生，您的话十分令人信服。

   Ваши слова очень убедительны, господин...

10. ……先生，这话您说得很中肯。

    Вы это очень справедливо подметили (попали в точку), господин...!

11. 您的理由听起来无可辩驳。

    Ваши доводы неоспоримы. (С вами не поспоришь.)

12. 这个论据很有力。

Это действительно веский аргумент.

13. 您说的正是我心里所想的。

Вы словно мысли мои читаете.

14. 真是不谋而合！

Надо же, какое совпадение! (У нас такая же точка зрения на этот счёт.)

15. 我赞成您的看法。

Я разделяю (одобряю / поддерживаю) вашу точку зрения (мнение).

16. 我也这样认为。

Я думаю точно так же.

17. 以上谈到的我们基本上都同意。

Мы, в основном, согласны с тем, что было сказано выше.

18. 至于……问题，我方尊重你方的意见。

Ваше мнение по вопросу о... для нас очень ценно. (Мы уважаем ваше мнение по вопросу относительно...)

19. ……先生，您从根本上纠正了我对……的看法。现在我明白了，这个问题比我以前想象得要复杂得多。

Господин..., вы в корне изменили моё отношение к... Сейчас я понимаю, что этот вопрос намного сложнее, чем мне представлялось ранее.

20. 看来，您是对的。

По-видимому, вы правы. (Возможно, что вы правы.)

21. 在某种程度上您是正确的。

В некоторой степени вы правы.

22. 此话不假，但……

Что правда, то правда, однако...

23. ……先生所说的都是实情。

Всё, что говорит господин..., соответствует истине (реальному положению вещей).

2 不赞成客户的看法
Несогласие с точкой зрения партнёра

1. 没有的事！

   Ничего подобного!

2. 并不是这样。

   Отнюдь не так.

3. 不完全是这样。

   Не совсем так.

4. 这事我们不能同意。

   Мы не можем согласиться с этим. (Смеем не согласиться с этим.)

5. 完全不对。

   Абсолютно неверно. (Совершенно неправильно.)

6. ……先生，您想错了！

   Вы заблуждаетесь, господин...!

7. 就……问题，我略有不同意见。

   У меня несколько иное мнение насчёт...

8. 我对此另有看法。

   У меня на этот счёт иная точка зрения.

9. 我还是保留自己的意见。

   Я всё же останусь при своём мнении.

10. 您的理由没有说服力。

    Ваши доводы неубедительны.

11. 我们有充分的理由来否定这种看法。

    У нас достаточно оснований, чтобы отрицать это [утверждение].

12. 这一点也不符合实际。

    Это никоим образом не соответствует действительности.

13. 我可以跟您担保，这就是个无稽之谈。

Я могу поспорить с вами (побиться об заклад), что это полный абсурд (досужие сплетни).

✍ Упражнения 练习

1. **Составьте предложения, употребляя следующие конструкции. 用下列词组或短语造句。**

   （1） уважать (ценить)... (чьё-л.) мнение

   （2） отнюдь не так

   （3） иметь иную точку зрения

   （4） ничего подобного (как бы не так)

   （5） иметь несколько иное мнение

   （6） в основном (в общем)

   （7） что правда, то правда

   （8） разделять (одобрять / поддерживать) точку зрения (мнение)... (кого-л.)

   （9） то, что представлялось ранее

   （10） в некоторой степени

   （11） читать мысли

   （12） остаться при своём мнении

   （13） быть неубедительным

   （14） приводить (излагать) доводы

   （15） что касается вопроса о...

   （16） не соответствовать действительности

   （17） иметь достаточно оснований

   （18） поспорить (биться об заклад) с...

   （19） в корне изменить отношение к... (чему-л.)

   （20） то, что было сказано выше

2. **Составьте диалоги на следующие темы. 根据情景设计对话。**

   （1） Согласие с точкой зрения партнёра

   （2） Несогласие с точкой зрения партнёра

扫码查看更多习题

第十三章 告别留念

RACCTABAHNE

1 告辞
Пора расставаться

1. 那么，该说再见了。

   Что ж, пришло время расставаться (пора прощаться).

2. 就要分别了，我心里有点不是滋味，不知何时才能再见。

   Очень жаль (тяжело на душе), что приходится расставаться, не знаю, когда теперь вновь увидимся.

3. 很遗憾，你们这么快就要回国了，很高兴同你们一道工作，欢迎以后再来。

   Очень жаль, что вы так быстро уезжаете [на родину]. Нам было приятно с вами работать, надеемся, что вы к нам ещё приедете (приезжайте к нам ещё).

4. 有安排不周的地方，还请你们包涵。

   Просим прощения за недостаточное внимание с нашей стороны (за недостаточно хорошую организацию мероприятия).

5. 如有照顾不周之处，还望海涵。

   Если что [было] не так, просим вас великодушно извинить.

6. 请代我向……问好。

   Пожалуйста, передайте от меня привет...

答复语句
Ответные реплики

1. 希望在不久的将来……

   Надеюсь, в ближайшем будущем...

2. 我们也希望如此。

   Мы тоже на это надеемся.

3. 我们也舍不得你们回去。

   Нам тоже очень жаль с вами расставаться.

4. 我们也希望能在……见到你们。

Мы также надеемся увидеть вас в...

5. 也欢迎您到……去开展业务。

Мы также приглашаем вас приехать в... с целью реализации коммерческих проектов (торговать).

6. 您多虑了，一切都安排很周到！

Не переживайте, всё было замечательно (на уровне)!

7. 谢谢，一定转达。

Спасибо, обязательно передам.

② 谢谢关照/周到的安排/热情的招待
Благодарим за заботу/хорошую организацию мероприятия/радушный приём

1. ……先生，谢谢您的关照！

Спасибо за заботу (за оказанные помощь и поддержку), господин...

2. 谢谢您的周到安排。

Спасибо вам за хорошую (тщательную) организацию [мероприятия]. (Спасибо вам за то, что вы всё так замечательно устроили.)

3. 谢谢你们的热烈欢迎。

Спасибо вам за тёплую встречу.

4. 非常感谢你们这段时间给予我们的巨大帮助和盛情款待。

Большое вам спасибо за неоценимую помощь и радушный приём, оказанные нам в течение этого времени.

5. 让我以公司的名义，对贵公司的热情招待表示衷心的感谢！

Позвольте мне от имени своей компании выразить искреннюю благодарность вашей фирме за радушный приём.

③ 合影，送礼
Фотография на память, преподнесение подарков

1. 我想和您以……为背景照张像。

Я хотел бы сфотографироваться с вами на фоне...

2. 请大家往中间站站，我想拍张合影留作纪念。

Пожалуйста, встаньте поближе друг к другу, я хочу сделать групповой снимок на память.

3. 请收下这个小礼物，以后您看见它就会想起我。

Примите, пожалуйста, в подарок этот сувенир, пусть он напоминает вам обо мне.

4. 临别前我有个小礼物，以此表达对您深深的敬意。

Прежде чем расстаться (на прощание), мне хотелось бы преподнести вам скромный подарок в знак моего глубочайшего уважения к вам.

5. 礼尚往来，我给您带了件小礼物。

Я тоже не с пустыми руками (на подарок принято отвечать подарком), хочу преподнести вам небольшой подарок.

4 临别赠言
Напутствие

1. 您慢走，多保重!

Всего хорошего! Берегите себя!

2. 一路顺风!

Счастливого пути!

3. 祝您成功!

Желаю вам успехов!

4. 祝您事业有成!

Желаю успехов в делах!

5. 祝您马到成功!

Желаю удачи (быстрых успехов)! (Ни пуха, ни пера!)

6. 祝贵公司生意兴隆!

Желаем вашей компании блестящего будущего! (Большому кораблю—большое плавание!)

✍ **Упражнения** 练习

1. **Составьте предложения, употребляя следующие конструкции.** 用下列词组或短语造句。

   （1） выразить искреннюю благодарность за (чей-л.) радушный приём

   （2） всё было замечательно

   （3） работать вместе с...

   （4） в ближайшем будущем

   （5） оказать... (кому-л.) неоценимую помощь и радушный приём

   （6） сфотографироваться на фоне...

   （7） хорошая (тщательная) организация [мероприятия]

   （8） недостаточно хорошая организация мероприятия

   （9） если что [было] не так,...

   （10） отсутствие должного внимания

   （11） преподнести подарок... (кому-л.)

   （12） от имени своей компании

   （13） передать привет от... (кого-л.)... (кому-л.)

   （14） очень жаль расставаться

   （15） принять сувенир в подарок

   （16） добиться больших успехов

   （17） сделать общую фотографию (групповой снимок) на память

   （18） в знак моего глубочайшего уважения к вам

   （19） прежде чем расстаться (на прощание)

   （20） встать поближе друг к другу

2. **Составьте диалог на следующую тему.** 根据情景设计对话。

   Прощание

扫码查看更多习题

第十四章

表达疑惑 / 惊讶、确定 /
怀疑、劝告 / 劝阻

ОМНЕНИЕ/УДИВЛЕНИЕ, УВЕРЕННОСТЬ/
НЕУВЕРЕННОСТЬ, СОВЕТЫ/ПРЕДОСТЕРЕЖЕНИЯ

1 疑惑/惊讶
Сомнение/удивление

1. 您说的当真吗?

   Вы серьёзно [говорите]? (Это серьёзно?)

2. 请问，这个情况属实吗?

   Позвольте спросить, это правда?

3. 真的吗? 我的确不清楚这件事。

   Это правда? Я, действительно, не знал об этом.

4. 真是这样吗?

   В самом деле? (Это действительно так?)

5. 您确定吗?

   Вы уверены?

6. 让人难以相信。

   Верится с трудом! (В это трудно поверить!)

7. 真是莫名其妙。

   Уму непостижимо! (Это просто в голове не укладывается!)

8. 这绝不可能。

   Этого просто не может быть!

9. 真奇怪，这怎么可能?

   Странное дело (удивительно)! Как такое могло случиться?

10. 您这样说让我有点惊讶。

    Меня некоторым образом удивили ваши слова.

答复语句

Ответные реплики

1. 我是很认真的。

   Я говорю вполне серьёзно.

2. 事实确实这样。

   Это действительно так.

3. 千真万确!

   Истинная правда!

4. 事情可能是这样。

   Вероятно, так оно и есть. (Надо полагать, что так.)

5. 可见就是这样。

   Выходит, что так.

6. 信不信由你。

   Хотите верьте, хотите нет.

7. 这有什么了不得的，何必大惊小怪?

   Что в этом такого [ужасного], к чему поднимать шум из-за пустяков?

8. 这没有什么好奇怪的。

   В этом нет ничего удивительного (странного).

9. 的确很奇怪，然而事实总归是事实。

   На самом деле, очень странно, но тем не менее, факт остаётся фактом.

2 确定/怀疑
Уверенность/неуверенность

1. 毋庸置疑，就是这样。

   Вне всякого сомнения, это так.

2. 这是明摆着的事实。

   Это очевидный факт.

3. 明明是这么回事。

   Это ясно, как божий день.

4. 我知道这其中另有原因。

   Я точно знаю, что здесь другая причина.

5. 我之所以这样说，是因为……

   Я говорю так, потому что...

6. 对……我们深信不疑。

   Относительно... у нас нет ни тени сомнения. (Мы больше чем уверены в том, что...)

7. 我们深信这一趋势在今后相当长的一段时间内不会改变。

   Мы глубоко уверены в том, что эта тенденция будет сохраняться (не изменится) в течение довольно длительного времени.

8. 我相信根本没有必要……

   Я уверен, нет абсолютно никакой необходимости в...

9. 这一点我们可以向您保证。

   За это мы ручаемся. (Это мы можем гарантировать.)

10. 根本没有的事。

    Это совершенно исключено.

11. 我并不排除这种可能。

    Я вовсе не исключаю такую возможность (такой возможности).

12. 这很有可能!

    Очень даже (вполне) возможно!

13. 这是不太可能的。

    Это маловероятно. (Вряд ли такое возможно.)

14. 现在还很难确切地讲。

    Сейчас ещё очень трудно сказать наверняка.

15. 事情成不成，我们还不肯定。

    У нас пока нет уверенности, получится это (выйдет ли дело) или нет.

16. 我们对这点没有什么把握。

У нас нет никакой уверенности относительно этого.

3 劝告/劝阻
Советы/предостережения

1. 我劝您⋯⋯

Я бы вам посоветовал...

2. 我劝您抛掉这个想法。

Я советую вам выбросить это (эту мысль) из головы.

3. 这种机会很难得，你们千万不要错过！

Ни в коем случае не упустите такую хорошую возможность (такой редкий шанс)!

4. 要按计划办事，不能乱来。

Нужно делать всё по плану, а не кидаться от одного к другому.

5. 您无论如何也不要这么办！

Вам ни в коем случае нельзя этого делать!

6. 您别把这件事束之高阁呀。

Не нужно откладывать это дело в долгий ящик.

7. 这件事不能这样不了了之。

Нельзя это [дело] так оставлять (оставлять незаконченным).

8. 我们千万不要贸然行事。

Нам ни в коем случае нельзя действовать необдуманно (опрометчиво).

9. — 对此你们必须谨慎行事，否则一切都会化为泡影。

Здесь вы должны проявить предельную осторожность, иначе всё пойдёт насмарку.

— 那我一切都按您的吩咐去做。

В таком случае я буду действовать в соответствии с вашими указаниями.

10. 别瞎猜，等着看吧。

Нечего гадать понапрасну (делать пустые предположения). Поживём—увидим!

11. 现在下结论为时尚早。

Не делайте скоропалительных выводов! (Сейчас ещё рано делать выводы.)

Упражнения 练习

Составьте предложения, употребляя следующие конструкции. 用下列词组或短语造句。

（1）　здесь другая причина

（2）　факт остаётся фактом

（3）　в течение довольно длительного времени

（4）　давать гарантии... (кому-л.)

（5）　в самом деле (действительно)

（6）　тенденция будет сохраняться (не изменится)

（7）　действовать в соответствии с... (чьими-л.) указаниями

（8）　очень даже (вполне) возможно

（9）　будет ли дело успешным (выйдет ли дело)

（10）　верится с трудом (трудно поверить)

（11）　совершенно исключено

（12）　нет никакой уверенности (ясности) относительно...

（13）　выбросить мысль из головы (оставить идею)

（14）　оставлять незаконченным (бросать на полпути)

（15）　проявить предельную осторожность (действовать очень осмотрительно)

（16）　поднимать шум из-за пустяков

（17）　упустить [хорошую] возможность (шанс)

（18）　советую вам...

（19）　ни в коем случае нельзя

（20）　гадать понапрасну (делать пустые предположения)

扫码查看更多习题

第十五章　表示不满

ВЫРАЖЕНИЕ НЕДОВОЛЬСТВА

① 责备
Упрёк

1. 哎呀，……先生，咱们可是有言在先哪！

   Ох-ох-ох, господин..., мы ведь с вами договаривались заранее!

2. 我们有约在先，但是现在您这样敷衍我，不会是反悔了吧？

   У нас с вами до этого была договорённость, почему же вы сейчас пытаетесь отделаться пустыми фразами (уйти от прямого ответа), неужели передумали?

3. 尽管做了多次提醒，但你们至今仍未……，你们的工作态度令我们很失望。

   Несмотря на то, что мы неоднократно напоминали вам, вы до сих пор не... Мы очень разочарованы вашим отношением к делу.

4. 这话您说过不止一次了，但每次都不算话。

   Вы говорили это не единожды, однако каждый раз нас подводили (обманывали).

5. 协议的所有条款我们早就谈妥了，你们为什么又另搞了一套？

   Мы давно уже с вами договорились по всем пунктам соглашения, почему же вы опять все переиграли?

6. 他们是答应过，但仅是口头而已。

   Обещать-то они обещали, но всё так и осталось на словах (дальше слов дело не пошло)

7. 我们好多次请他们帮忙，但他们总是袖手旁观。

   Мы много раз обращались к ним с просьбами о помощи, однако они всегда оставались безучастными (и пальцем не пошевелили).

8. — 您太多心了，……先生！

   Вы чересчур подозрительны (мнительны), господин...!

   — 但愿我是多虑了。

   Будем надеяться, что мои подозрения неоправданны (безосновательны). (Хорошо, если это лишь мои подозрения.)

— 我们做生意向来谨慎，这是我们的重要原则。

В бизнесе мы всегда действуем очень осмотрительно, это наше первейшее правило.

9. 您太吹毛求疵了，……先生。

Вы слишком придирчивы, господин...!

10. — 您太过仔细了，……先生。

Вы слишком щепетильны в делах, господин...

— 这类事情屡见不鲜，我认为最好提前考虑周全了，免得事后再亡羊补牢。

Такие случаи бывают довольно часто. (Примеров тому великое множество.) Я полагаю, что лучше всё предусмотреть заранее, нежели исправлять положение впоследствии.

— 类似的情形不多见，但我们还是应该防止意外。

Подобные случаи очень редки, однако мы должны быть готовы ко всякого рода случайностям (неожиданностям).

2 警告
Предупреждение

1. 如果你们最近几天不……，我们只得采取适当的措施了。

Если вы в ближайшие дни не..., у нас не будет иного выхода, кроме как (мы будем вынуждены) принять надлежащие меры.

2. 我们不能再容忍你们的这种行为了，并且我们保留采取报复措施的权利。

Мы не можем больше мириться с подобными действиями с вашей стороны и оставляем за собой право на принятие ответных мер.

3. 我们对你们已经够客气了，但这种情况再不能继续下去了。

Мы и так чересчур лояльно относились к вам, но дальше это продолжаться не может.

4. 你们对……敷衍了事的态度，我们不想再姑息纵容了，如果将来发生什么意外，后果谁来承担呢？

Мы не намерены закрывать глаза на ваше халатное (безответственное) отношение к... В случае непредвиденных обстоятельств, кто будет отвечать за последствия?

5. 长此以往，后果不堪设想。

Если так будет продолжаться и дальше (если ваша сторона своевременно не примет каких-либо мер), то невозможно даже представить (и подумать страшно), какие могут быть последствия.

3 愤慨、抗议、指责
Возмущение, протест, обвинение

1. 看来，只能直接说了。

Очевидно, придётся говорить откровенно (начистоту).

2. 我们还是正视现实吧。

Давайте смотреть правде в глаза!

3. — 这是怎么回事？请解释一下这件事的原因！

В чём дело? Я требую объяснить причины происшедшего!

— 您不要对我那么大声，我哪里知道怎么回事啊！

Не нужно повышать на меня голос (выговаривать мне), откуда я знаю!

4. 我感到非常愤慨！

Я возмущён до глубины души!

5. 就这样吧，我们真的是忍无可忍了。

Ну, хватит! (Довольно!) Мы не можем больше этого терпеть! (Наше терпение на самом деле иссякло!)

6. — 我以为，您这是在玩弄我们呀，……先生！

Полагаю, что вы просто-напросто водите нас за нос (обманываете нас), господин...!

— 为了消除您的怀疑，我准备……

Чтобы развеять ваши подозрения, я намерен...

7. 这是在搞什么呀！

Это никуда не годится! (Чёрт знает, что это такое!) Теперь неприятностей не избежать.

8. 由于你们的缘故，我们会有很多麻烦，这意味着什么，您明白吗？

   Из-за вас у нас могут быть большие неприятности! Понимаете ли вы, что это значит?

9. 您从事贸易也不是一天两天了，不用我向您解释这个吧？

   Вы занимаетесь торговлей не один день, мне ли вам объяснять прописные истины?

10. 为了……我们竭尽全力，而你们却没有出一点力！

    Мы прилагаем все усилия для..., вы же абсолютно ничего не сделали [для этого]!

11. 我们已经受够了，你们总是开空头支票！

    Вы вечно «кормите нас завтраками», нам это уже надоело!

12. 我们对你们这种行为表示强烈抗议！

    Мы выражаем решительный протест против ваших действий!

13. 这个做法非常令人遗憾。

    Этот поступок чрезвычайно нелицеприятен.

14. 这是明显的欺诈（要挟）。

    Это явное мошенничество (шантаж).

15. 你们这种行为纯属不正当的竞争。

    Ваши действия есть не что иное, как нечестная конкуренция.

16. 我建议您去……，亲眼看一下我说的是不是属实。

    Я предлагаю вам пойти (поехать) в..., и [самому] удостовериться в справедливости моих слов.

17. 对这种形势未能及时做出正确的判断，这实在是你们的一次重大失误！

    То, что данная ситуация не была должным образом оценена вовремя, является серьёзным упущением (промахом) с вашей стороны!

18. 如果你们早些……，事情不至于搞成这样子。

    Если бы вы пораньше..., дело не дошло бы до этого.

✍ Упражнения 练习

Составьте предложения, употребляя следующие конструкции. 用下列词组或短语造句。

(1) быть возмущённым до глубины души

(2) оставлять за собой право на принятие ответных мер

(3) принять надлежащие меры

(4) оставить в дураках (подвести; обмануть)... (кого-л.)

(5) водить за нос (обманывать)

(6) «кормить завтраками» (давать пустые обещания)

(7) быть не в состоянии более терпеть (выносить)

(8) объяснить причину

(9) халатное (безответственное) отношение к...

(10) это есть не что иное, как...

(11) обращаться с просьбами о помощи

(12) будем надеяться, что... (если бы только... ; хорошо, если...)

(13) выговаривать... (кому-л.) (повышать голос на...)

(14) явное мошенничество / шантаж

(15) выразить решительный протест против...

(16) невозможно даже представить (и подумать страшно), какие могут быть последствия

(17) подобные случаи очень редки

(18) потерять надежду (разочароваться)

(19) предусмотреть всё заранее

(20) так дальше продолжаться не может

扫码查看更多习题

第十六章 表达不解、歉意、辩解、冷静、反驳

НЕДОУМЕНИЕ, ИЗВИНЕНИЯ, ОПРАВДАНИЯ, ПРИЗЫВ К СПОКОЙСТВИЮ, КОНТРАРГУМЕНТЫ

1. 我们还从未受到过这样的指责。怎么会这样呢？真叫我们难以理解。

    У нас никогда ранее не было подобных нареканий. Просто в голове не укладывается (даже трудно представить), как такое могло случиться...

2. — 这绝对不会！这种情况在我们公司历史上从来没有发生过！

    Этого просто не может быть! В практике нашей компании никогда не было подобных прецедентов!

    — 事实胜于雄辩。(可事实就是这样，不会有错的。)

    Факты—упрямая вещь. (Факт налицо, ошибки быть не может.)

3. 发生这样的事，我十分诧异。

    Я крайне удивлён, что такое случилось.

② 歉意
Извинения

1. 今天我们是来登门请罪的。

    Сегодня мы пришли к вам с повинной.

2. 我们是头一次……，请您谅解。

    Мы впервые..., поэтому просим вас проявить снисходительность по отношению к нам.

3. 是我们大意了，还请您多多包涵。

    Мы признаём, что допустили некоторую оплошность (просчитались по-крупному) и просим вас проявить снисходительность.

4. 您的意见我们全部接受，保证今后不再出现类似的错误。

    Мы полностью согласны с вашими замечаниями (принимаем все ваши замечания) и гарантируем, что впредь не допустим подобных ошибок.

5. 我们真的很后悔，发生这事感到非常惭愧。我们保证今后不再发生类似的事情。

   Мы искренне раскаиваемся в случившемся. Нам очень совестно за то, что подобный факт имел место. Обещаем, что подобное впредь не повторится.

6. 只怪我粗心大意了，我一定会尽力处理的。

   Всему виной моя небрежность, я постараюсь исправиться (исправить ошибки).

7. 对不起，但我的出发点是好的（我只是想把事情做得更好一些）。

   Простите меня, я действовал из лучших побуждений (я просто хотел сделать как лучше).

8. 我本想……，没想到事与愿违。

   На самом деле (вообще-то), я хотел..., не думал, что всё будет иначе.

9. 真对不起，我们没有存心与你们过不去。

   Извините, пожалуйста, мы вовсе не намеренно причинили вам столько неудобств (вовсе не хотели создавать вам проблемы).

10. 发生这种事情我确实感到很过意不去，请替我向……道歉。

    Мне действительно (и вправду) очень неловко, что всё так получилось. Пожалуйста, извинитесь за меня перед...

答复语句

Ответные реплики

1. 您没必要道歉，这点上我们也有错。

   Вам нет необходимости извиняться, в этом есть и наша вина (ошибка).

2. 那好，这次我们就原谅你们，希望今后这样的事情不再发生。

   Хорошо, на этот раз мы вам прощаем, но надеемся, что подобный прецедент больше не повторится.

3. 那好吧，我们就给您个面子，但您可要说到做到。

   Хорошо, мы дадим вам ещё один шанс, однако вы должны будете сдержать своё обещание (слово).

4. 事情已经这样了，现在说什么也没用了，下次请你们仔细一点儿。

   Что случилось, то случилось, сейчас уже бесполезно что-либо говорить （поздно сожалеть о случившемся). Просим вас в следующий раз быть более внимательными (осторожными).

5. 我们三番五次提醒过你们，可你们就是不以为意，现在要怪就怪自己好了。

Мы предупреждали вас неоднократно, однако вы оставили это без внимания (проигнорировали данный факт), теперь пеняйте на себя.

3　辩解
Оправдания

1. 这完全是误会，让我给您解释事情的经过。

Это полнейшее недоразумение (это не наша вина)! Позвольте, я вам объясню всё, как было.

原来是这么回事。

Оказывается, вот в чём дело. (Вот оно что!)

2. 常言道，不知者不怪，请您多包涵。

Как говорится, «незнание не есть вина», просим вас проявить снисходительность.

3. 这谁也没料到，所以不能责怪任何人。

Никто не мог этого предвидеть, поэтому нельзя никого обвинять (некого винить).

4. 您说我们最近……，不过事出有因。

Вы говорите, что мы в последнее время..., однако на это были свои причины.

5. 很可惜，我们没能按时……，但这确实事出有因。

Очень жаль, что мы не смогли своевременно..., однако это произошло по уважительной причине.

6. 我们已经做到仁至义尽了，但……

Мы уже сделали всё от нас зависящее, однако...

4 冷静
Призыв к спокойствию

1. 诸位，请息怒！请听我解释。

   Господа, успокойтесь (перестаньте сердиться) и послушайте мои разъяснения.

2. 先生们，大家不要吵了，请保持冷静。

   Господа, успокойтесь, мы должны сохранять хладнокровие (не нужно горячиться).

3. 请大家冷静！

   Пожалуйста, возьмите себя в руки (успокойтесь)!

4. 您别生气，我们愿意和你们协商解决这一问题。

   Не сердитесь, пожалуйста, мы намерены решить с вами проблему путём переговоров.

5. 别为这点小事生气了。

   Не нервничайте (не раздражайтесь) по пустякам.

5 反驳
Контраргументы

1. ……先生，您这样说未免有点夸张了吧？

   Господин..., не слишком ли вы преувеличиваете, говоря подобные вещи?

2. ……先生，您不觉得说得太绝对了吗？

   Господин..., не кажется ли вам, что вы слишком категоричны в суждениях?

3. 这种看法至少是片面的。

   Подобное суждение, по крайней мере, одностороннe.

4. 请问，您有什么证据吗？

   Позвольте спросить, какие у вас есть доказательства этого?

5. 您这种说法是毫无根据的。

   Ваше утверждение не выдерживает никакой критики (абсолютно необоснованно).

6. 据我了解，事实并不像您所说的那样。

Насколько я понимаю, дело обстоит совсем не так, как вы говорите.

7. 事情也许没有您说的那么严重。

Возможно, всё не настолько серьёзно (не так страшно), как вы говорите.

8. 我想，您不是很清楚实际情况。

Я думаю, вы не совсем ясно представляете себе (не до конца понимаете) реальную ситуацию.

9. 您说……，但我们得到的消息和您所说的正好相反。

Вы говорите, что..., однако полученная нами информация полностью этому противоречит.

10. 事实不是这样，别轻信谣言。

На самом деле, всё совсем не так, не нужно верить слухам.

Упражнения 练习

Составьте предложения, употребляя следующие конструкции. 用下列词组或短语造句。

（1） немного просчитаться (допустить некоторую оплошность)

（2） постараться исправиться (исправить ошибки)

（3） взять себя в руки (успокоиться)

（4） как говорится,...

（5） верить слухам

（6） несколько преувеличивать

（7） решить проблему путём переговоров

（8） сдержать обещание (слово)

（9） допустить ошибку

（10） нервничать (раздражаться) по пустякам

（11） испытывать неловкость

（12） что случилось, то случилось (ничего уже не изменишь)

（13） не совсем ясно представлять себе (не до конца понимать реальную ситуацию)

（14） всему виной моя невнимательность (небрежность)

（15） просить о снисхождении

（16）не настолько серьёзно (не так страшно)

（17）произойти по уважительной причине

（18）полностью противоречить... (чему-л.); идти вразрез с... (чем-л.)

（19）искренне сожалеть о случившемся (раскаиваться в случившемся)

（20）просто в голове не укладывается (даже трудно представить)

扫码查看更多习题

第十七章

表达顾虑 / 难过、灰心 / 伤心、声援 / 安慰

ОПАСЕНИЯ/ПЕРЕЖИВАНИЯ, УНЫНИЕ/ОГОРЧЕНИЕ, МОРАЛЬНАЯ ПОДДЕРЖКА/УТЕШЕНИЕ

① 顾虑/难过
Опасения/переживания

1. 这种情况让我们很担心。
   Эта ситуация нас очень сильно тревожит. (Мы чрезвычайно обеспокоены этим.)

2. 我最害怕的是……，那可不得了。
   Больше всего я боюсь, что... Это будет ужасно. (Не дай Бог!)

3. 他们可别变卦了。
   Только бы они не передумали.

4. 我们可别耽误了……期限。
   Как бы нам не опоздать с...

5. 恐怕我们办不了这事。
   Боюсь, что это нам не удастся.

② 灰心/伤心
Уныние/огорчение

1. 我很失望。
   Я очень расстроен.

2. 我承受不了这个。
   Я этого не переживу.

3. 我现在很不快，没有心情做任何事。
   У меня прямо-таки руки опустились, ничего не хочется делать (никакого настроения нет что-либо делать).

3 声援/安慰
Моральная поддержка/утешение

1. 现在还没有什么可担心的。

   На данный момент пока нет повода для беспокойства.

2. 这点您完全不用担心。

   На этот счёт вы можете быть спокойны. (Вам совершенно не стоит переживать по этому поводу.)

3. 不要慌张，先冷静一下。

   Не нужно впадать в панику, спокойствие прежде всего.

4. 我深信这儿没有什么可怕的。

   Я уверен (твёрдо убеждён), что ничего страшного в этом нет.

5. 你们的担心我们能理解，情况确实很危急，但还可以补救。

   Мы понимаем вашу озабоченность. Положение, на самом деле, критическое, однако не безнадёжное (поправимое).

6. 别急，一切都会处理好的。

   Не волнуйтесь, всё наладится (всё будет ОК).

7. 您别着急，这事包在我身上了。

   Не волнуйтесь, это я беру на себя (положитесь на меня).

8. — 您别伤心，不要紧的，事情还没到无法挽回的地步。

   Не расстраивайтесь! Не беда! Это дело поправимое.

   — 要是事情能像您所说的那样就好了。

   Хорошо, если [всё будет] так [как вы говорите].

9. 想开点儿，别灰心丧气了，生意永远是机遇与风险并存。

   Не принимайте близко к сердцу, не падайте духом, в коммерции удача и невезение всегда сопутствуют друг другу.

10. 这些小事别往心里去。

    К чему обращать внимание на такие мелочи. (Незачем принимать близко к сердцу такие пустяки.)

11. 不值得为这事难过。

Не стоит из-за этого переживать.

12. 我能为你们做点什么吗?

Могу ли я вам чем-нибудь помочь?

答复语句
Ответные реплики

1. 您的好意我心领了。

Я очень признателен за ваше доброе отношение ко мне.

2. 谢谢您的同情。

Спасибо за сочувствие (участие, которое вы во мне принимаете).

3. 谢谢您道义上的支持。

Спасибо вам за моральную поддержку.

4. 谢谢您的鼓励。

Спасибо вам за то, что ободрили меня.

5. 您不用费心,我自己能把一切处理好。

Пожалуйста, не беспокойтесь, я сам всё улажу.

✑ Упражнения 练习

Составьте предложения, употребляя следующие конструкции. 用下列词组或短语造句。

（1）опасения абсолютно излишни (нет повода для беспокойства)

（2）не нужно впадать в панику

（3）ничего страшного нет (нечего бояться)

（4）не расстраивайтесь

（5）быть чрезвычайно обеспокоенным (очень сильно тревожиться)

（6）удача и невезение всегда сопутствуют друг другу

（7）моральная поддержка

（8）быть в расстроенных чувствах

（9）ничего не хочется делать (никакого настроения нет что-л. делать)

（10）это я беру на себя (положитесь на меня)

（11）всё наладится (всё будет хорошо)

（12）всё уладить (устроить)

（13）не пережить (не вынести)

（14）спокойствие прежде всего (для начала успокойтесь)

（15）не принимайте близко к сердцу (не падайте духом)

（16）больше всего я боюсь, что...

（17）я уверен (твёрдо убеждён) в том, что...

（18）к чему обращать внимание (незачем принимать близко к сердцу)

（19）переживать (страдать) из-за... (кого-л. / чего-л.)

（20）это дело поправимое (всё ещё можно исправить)

扫码查看更多习题

第十八章 表达赞美

КОМПЛИМЕНТЫ

1 赞美企业
Комплименты компании

1. 贵公司实力雄厚，信誉良好，能与你们合作真的非常荣幸。

   У вашей компании огромные возможности (большой [производственный] потенциал) и хорошая [деловая] репутация. Сотрудничать с вами—большая честь для нас.

2. 我们非常看重与贵公司的合作机会。

   Мы очень дорожим возможностью сотрудничества с вашей компанией.

3. 我们坚信贵公司是可靠的合作伙伴。

   Мы неоднократно убеждались, что ваша фирма—надёжный партнёр.

4. 太棒了！你们是怎么取得这么大的成绩的？

   Грандиозно! Как вам удалось достигнуть таких успехов?

5. 你们是怎么让公司如此蒸蒸日上的呢？

   Как вам удалось достичь такого процветания своей компании?

6. 贵公司在行业中很有名气。

   Ваша компания пользуется широкой известностью в своей области

7. 贵公司可是行业中的"大哥大"。

   Ваша компания является авторитетом в своей области.

8. 从事这一行的都知道，贵公司的产品质量比其他公司的都好。

   Каждый специалист знает (среди коллег всем хорошо известно), что продукция вашей фирмы выигрывает в качестве по сравнению с аналогичной продукцией других производителей.

2 赞美个人
Комплименты человеку

1. ……先生，同行中谁不知道您啊？这几年来，贵公司发展如日中天，这都得归功于您的治理有方。

Господин..., кто же среди коллег не знает вас? В последние годы компания процветает, вам есть чем похвастаться (гордиться), и всё это благодаря вашему умелому руководству.

2. ······先生，您可真会做生意啊！

Господин..., вы действительно опытный бизнесмен (умеете вести дела)!

3. 您办事真爽快，令人佩服。

То, с какой лёгкостью вы ведёте дела, вызывает восхищение.

4. 您真是个爽快人，我们非常钦佩您的这种合作精神。

С вами очень приятно общаться (работать), мы восхищаемся вашим умением ладить с партнёрами (активным настроем на сотрудничество / духом сотрудничества).

5. 我非常欣赏您的精明强干。

Я восхищён вашей предприимчивостью.

6. 我非常佩服您的工作热情。

Я восхищаюсь вашим энтузиазмом в работе.

7. 我非常钦佩您一丝不苟的工作态度。

Я завидую вашей пунктуальности (скрупулёзности).

8. 我一直钦佩您的沉着冷静。

Я всегда завидовал вашей выдержке и спокойствию.

9. 哇，您可真是个中国通啊！

Ого, да вы прямо-таки знаток Китая!

10. 哇，您的办公室真气派！装饰得豪华而又不失庄重和典雅，一看便知主人的品味不俗。

Ух ты, офис у вас, конечно, шикарный! Обстановка роскошная, однако не лишена солидности и изысканности. Сразу видно (из этого следует), что у хозяина хороший вкус.

11. 您今天气色真好！

Вы сегодня очень хорошо выглядите.

12. ……先生，您可真幽默。

У вас хорошее чувство юмора, господин...

3 对称赞的回答
Ответ на комплименты

1. 好说好说，您太过奖了。

Ну что вы, вы слишком уж преувеличиваете [мои таланты].

2. 不敢当，不敢当。

Я не заслуживаю (не достоин) подобной похвалы.

3. 承蒙您如此夸奖，我真的很惭愧，跟您这个大集团的老总比起来简直不值一提呀！

Благодарю, однако мне даже как-то неловко получать от вас подобную похвалу.
Мне далеко до вас, директора такой большой корпорации! (По сравнению с вами мои заслуги слишком скромны, чтобы о них говорить!)

4. 哪里哪里，差得远呢。

Где уж там, до этого ещё далеко.

5. 以后我还得向您多学习呢。

Мне у вас ещё учиться и учиться.

6. 嘿，也就那么回事。

Да где уж там! (Да где уж мне!)

Упражнения 练习

1. **Составьте предложения, употребляя следующие конструкции. 用下列词组或短语造句。**
   （1） надёжный партнёр
   （2） с лёгкостью вести дела
   （3） восхищаться предприимчивостью... (кого-л.)
   （4） восхищаться энтузиазмом в работе... (кого-л.)
   （5） завидовать пунктуальности (выдержке и спокойствию)... (кого-л.)

（6）офис обставлен шикарно（обстановка роскошная）

（7）хорошее чувство юмора

（8）сразу видно, что...（из этого следует, что... ）

（9）заниматься коммерцией（вести бизнес）

（10）быть мастером в...（обладать каким-л. умением）

（11）огромные возможности（большой [производственный] потенциал）

（12）хорошая [деловая] репутация

（13）аналогичная продукция других производителей

（14）приятный [в общении] человек

（15）не лишён солидности и изысканности

（16）пользоваться широкой известностью（иметь добрую славу）

（17）испытывать большую неловкость（чувство стыда）

（18）высказывать одобрение（хвалить; делать комплименты）

（19）хороший вкус

（20）есть чем похвастаться（гордиться）

2. **Составьте диалоги на следующие темы.** 根据情景设计对话。

（1）Комплименты предприятию

（2）Комплименты человеку

扫码查看更多习题

第十九章 常用语句、俗语、套话

ЧАСТЫЕ РЕЧЕВЫЕ ФОРМУЛЫ, ПОСЛОВИЦЫ, ПОГОВОРКИ, ВВОДНЫЕ КОНСТРУКЦИИ И ДРУГИЕ

1 常用语句
Частые речевые формулы

1. 可不是么！（当然了！）

   [Само собой] разумеется! (Конечно же!)

2. 哎，别提了！

   И не говорите!

3. 这种小事不值一提！

   Не стоит и говорить о таких пустяках!

4. 这点不太方便讲。

   Об этом неудобно говорить.

5. 问题不在这儿。

   Дело не в этом.

6. 问题不只在这一点上。

   Проблема не только в этом.

7. 这不重要。

   Это не суть важно (несущественно).

8. 事情不打紧。

   Невелика беда!

9. 这个不重要。

   Это не имеет значения. (Это не беда; Пустяки.)

10. 这有什么区别呢?（这不是一样吗?）

    Какая разница? (А не всё ли равно?)

11. 这没什么必要。

    В этом нет никакой необходимости.

12. 这不关我们的事。

    Это совсем не наше дело. (Это нас абсолютно не касается.)

13. 是呀，这确实耐人寻味……

Да, здесь есть над чем поразмыслить (это наводит на размышления).

14. 这个问题还必须好好考虑一下。

Над этим [вопросом] ещё нужно как следует подумать.

15. 您介不介意我留在这儿?

Вы не будете возражать, если я поприсутствую?

16. ……先生，真是对不起，打断了您的讲话，您请继续。

Господин..., извините, что я вас перебил. Продолжайте, пожалуйста!

17. 您刚才说什么来着? 我没听清。

А? Что вы только что сказали? Я не расслышал.

18. — 对了! 请别忘了……

Да! Пожалуйста, не забудьте...!

— 好在有您提醒，我都忘了这一点了。

Хорошо, что напомнили, я совсем упустил это из виду.

— 您放心好了，我不会忘的。

Можете быть спокойны, я не забуду.

19. 您说的我怎么也想不起来了。

Я никак не могу вспомнить [то], о чём вы говорите.

您忘了，我可还记得。

Вы забыли, однако (но) я ещё помню.

20. 不太明白您的暗示。

Я не понимаю ваших намёков.

21. 这意味着什么?

Что же это всё-таки (в конце концов) означает?

22. 对不起，我不大明白您的意思。

Извините, я не совсем вас понимаю (не совсем понимаю, что вы имеете в виду).

23. 太棒了!

Ух ты, вот это здорово! (Ого, вот это да!)

24. 我们非常高兴!

Мы чрезвычайно рады!

25. 我很高兴听到这些。

Я очень рад слышать это!

26. 好极了！

Замечательно! (Прекрасно!)

27. 那就更好！

Тем лучше!

28. 这是两码事。

Вот это другое дело.

29. 早就该这样。

Давно бы так!

30. 这太值得夸奖了！

Это заслуживает похвалы! (Это очень похвально с вашей стороны!)

31. 这次你们……，真是无可挑剔。

На этот раз вы..., действительно, не к чему придраться (комар носу не подточит).

32. 这太过分了！

Ну, это уж слишком!

33. 哪有这样的事！

Где это видано?!

34. 哎呀，糟糕！

Да, плохи дела! (Ах ты, вот беда!)

35. 真不凑巧。

Как некстати!

36. 请不要制造紧张氛围！

Прошу вас, не накаляйте атмосферу!

37. ……先生，请不要夸大其词！

Господин..., не нужно утрировать мои слова (не преувеличивайте).

38. 什么也没办成，真可惜。

Как жаль (какая досада), что ничего не удалось сделать.

39. 所有的努力都是白费！

Все усилия напрасны! (Всё бесполезно!)

40. 听天由命吧，现在怎么都来不及了。

Будь что будет! Сейчас уже поздно что-либо менять.

2 俗语
Пословицы и поговорки

中国人（俄罗斯人）常说……

В Китае (России) есть одна хорошая пословица (поговорка)...

1. 不打不相识。

Без труда не выловишь и рыбку из пруда.

2. 一不做，二不休。

Взявшись за гуж, не говори, что не дюж.

3. 时间就是金钱。

Время—деньги.

4. 成败在此一举。

Или пан, или пропал.

5. 不怕一万，就怕万一。

Нужно быть готовым ко всему. (Всякое случается.)

6. 一心不能二用。（鱼和熊掌不可兼得。）

За двумя зайцами погонишься, ни одного не поймаешь.

7. 吃一堑，长一智。

На ошибках учатся.

8. 凡事各有定数。

Всему своё время.

9. 世上无难事，只怕有心人。

Терпение и труд всё перетрут.

10. 一诺千金。

Уговор дороже денег.

11. 一人做事一人当。

Сами кашу заварили, сами и расхлёбывайте.

12. 天有不测风云。

Всякое случается. (Чем чёрт не шутит.)

13. 天无绝人之路。

Абсолютно безвыходных положений не бывает.

14. 言必信，行必果。

Не давши слова—крепись, а давши—держись.

3 套话
Вводные конструкции и другие

1. 不幸的是，……

Беда в том, что...

2. 承蒙您的关心，……

Благодаря вашим заботам,...

3. 再说，……

Более того,...(Вдобавок ко всему,...)

4. 麻烦您（劳驾），……

Будьте так любезны (добры),...(Сделайте одолжение,...)

5. 您最好……

Вам лучше всего...

6. 想必您比我更清楚，……

Вам, должно быть, лучше, чем мне, известно...

7. 您和我一样清楚，……

Вам так же, как и мне, хорошо известно, что...

8. 作为特例，……

   В виде исключения...

9. 为了证明……

   В доказательство того, что...

10. 毫无疑问，……

    Вне всякого сомнения,...

11. 还有，……

    Вот ещё что,...

12. 首先……，其次……

    Во-первых..., а во-вторых...

13. 为了避免……

    Во избежание (Чтобы избежать)...

14. 为了避免发生意外，……

    Во избежание случайностей,...

15. 这个嘛，……

    Вот что [я вам скажу],...

16. 万一有什么事情，……

    В случае чего (если произойдёт что-то непредвиденное),...

17. 众所周知，……

    Всем известно, что...

18. 在万不得已的情况下……

    В самом крайнем случае...

19. 从本质上讲，……

    В сущности,...(По сути дела,...)

20. 每当……的时候，……

    Всякий раз, когда...

21. 在最糟糕的情况下……

    В худшем случае,...

22. 为……（如安全、节省）起见，……

   В целях (напр., безопасности, экономии)...

23. 您千万要记住，……

   Вы должны твёрдо помнить, что...

24. 您一定（肯定，或许）知道……

   Вы, конечно же (наверняка, возможно), знаете, что...

25. 您的意思是说……？

   Вы имеете в виду, что...?

26. 总的来讲，……

   Говоря в целом,...; Одним словом,...

27. 总而言之，……

   Говоря в общих чертах,...

28. 据说……；我听说……

   Говорят, что...; Я слышал, что...

29. 那就这样吧，……

   Давайте сделаем так,...

30. 即便那样，……

   Даже если и так,...

31. 问题在于……

   Дело (вопрос) в том, что...

32. 说实话，……

   Честное слово,...

33. 如果您不反对的话，……

   Если вы не возражаете,...

34. 如果一切正常的话，……

   Если всё будет нормально,...(Если дела пойдут успешно,...)

35. 如果您说的情况属实，……

   Если то, что вы говорите, правда,...

36. 如果我没记错的话，……

    Если мне не изменяет память,...

37. 如果我处在您的位子，……

    Я на вашем месте,...

38. 如果您允许的话，……

    Если вы позвольте,...

39. 如果您方便的话，……

    Если вам будет удобно,...

40. 如果您不麻烦的话，……

    Если вас не затруднит,...

41. 如果一直这样下去，……

    Если так будет продолжаться и дальше,...

42. 除某些特殊情况外……

    За некоторым исключением,...

43. 不好意思，打扰了，……

    Извините за беспокойство,...

44. 对不起，打断一下，……

    Извините, я вас перебью,...

45. 从提到的事情来看，……

    Из сказанного видно, что...;

46. 从这里可以看出，……

    Из этого видно,...

47. 由此可以得出结论，……

    Из этого следует сделать вывод, что... (Отсюда вывод,...)

48. 从实际情况看，……

    Исходя из реальной ситуации,...

49. 正因为这样，……

    Именно поэтому,...

50. 换言之，……

Иными словами,...

51. 最后一点，……

И последнее,...

52. 按照您前边说的，……

Как вы уже сказали [ранее],...

53. 正如您刚刚所说的，……

Как вы только что сказали,...

54. 依您看，……？

Как, по-вашему,...?

55. 正如通常所说的，……

Как говорится,...

56. 顺便说一下，……

Кстати сказать,... (Между прочим,...)

57. 一般来讲，……

Как правило,...

58. 不管怎样，……

Как бы то ни было,...

59. 除此之外，……

Кроме этого,...

60. 很遗憾，……

К сожалению,... (Очень жаль, что...)

61. 非常抱歉，……

К сожалению (С оттенком извинения),...

62. 令人失望的是，……

К моему разочарованию,...

63. 正如我们所料，……

Как мы и предполагали,... (Мы как в воду глядели,...)

64. 可以预料，……

Можно предположить, что...

65. 我们认为，……

Полагаем, что...

66. 令人高兴的是，……

Меня радует то, что...

67. 我觉得，……

Мне кажется, что...

68. 客气点讲，……

Мягко выражаясь,...

69. 必须指出，……

Необходимо отметить, что... (Надо сказать, что...)

70. 不得不指出，……

Нельзя не отметить, что...

71. 我本来想……

На самом деле (вообще-то), я хотел...

72. 按照我的理解，……

Насколько я понимаю,...

73. 据我所知，……

Насколько мне известно,...

74. 基于这一点，……

На основании этого,... (Исходя из этого,...)

75. 第一眼看上去……

На первый взгляд,...

76. 您不觉得，……?

Не кажется ли вам, что...?

77. 我记得，……

Насколько я помню,...

78. 我们不妨……

　　Нелишне было бы нам... (Не мешало бы нам...)

79. 您可真幸运……

　　На ваше счастье,... (Вам повезло,...)

80. 可以肯定地说，……

　　Несомненно,... (Безусловно,...; Можно с полной уверенностью сказать, что...)

81. 我们的看法是……

　　Наша позиция такова,...

82. 我们没有别的办法，除非……

　　Нам ничего не остаётся, как...

83. 承蒙……介绍，我们获悉……

　　От... нам стало известно...

84. 不瞒您说……

　　Откровенно говоря,... (Не стану скрывать,...)

85. 我敢说……

　　Осмелюсь заметить,...

86. 简而言之，……

　　Одним словом,... (Короче говоря,...)

87. 看得出，……

　　Очевидно,... (Должно быть,...)

88. 听我说，……

　　Послушайте,...

89. 看来……

　　По всей видимости,... (Очевидно,...; Кажется,...)

90. 考虑到……

　　Принимая во внимание (учитывая) то, что...

91. 很抱歉，……

　　Прошу прощения,... (Извините,...)

92. 恕我直言，……

Простите за откровенность,...

93. 请允许我冒昧问一下，……

Позвольте спросить,...

94. 我们好像应该……

По всей вероятности (похоже), нам придётся...

95. 请设想一下，……

Представьте себе, что...

96. 据初步统计，……

По предварительным подсчётам,...

97. 据我估计，……

По моим предположениям,...

98. 按最保守的估计，……

По самым осторожным (скромным) подсчётам,...

99. 我们何不……

Почему бы нам не...

100. 基于这个原因……

По этой причине,...

101. 依我看，……

По моему мнению,... (На мой взгляд,...; Думаю, что...; По-моему,...)

102. 借着这个机会……

Пользуясь случаем,...

103. 一旦有机会，……

При первой возможности,... (Как только представится такая возможность,...)

104. 除了以上所提到的，……

Помимо вышеупомянутого (вышеперечисленного),...

105. 实际上……；事实上……

Фактически,...; В действительности,...

106. 假定……

Предположим, что... (Допустим, что...)

107. 为了清楚起见，……

Ради ясности,...

108. 或早或晚都……

Рано или поздно,... (В один прекрасный момент,...)

109. 既然如此，就……

Раз так, то...

110. 那是自然，……

Само собой разумеется,...

111. 总体上看，……

Судя по всему,...

112. 就……来看，……；根据……判断，……

Судя по...; Исходя из...

113. 根据以往的经验，……

Судя по опыту,...

114. 从您所说的来看，……

Судя по вашим словам,...

115. 明摆着，……

Совершенно очевидно, что...

116. 按照（如国际贸易惯例）……

Согласно (например, международной торговой практике)...

117. 从另一方面来讲，……

С другой стороны,...

118. 必须承认，……

Следует признать, что...

119. 在这种情况下，……

Таким образом,... (В таком случае,...)

120. 准确地讲，……

Точнее говоря,...

121. 请您相信，……

Уверяю вас,... (Будьте уверены,...)

122. 令人惊异的是……

Удивительно, что...

123. 据传，……

Ходят слухи, что...

124. 我想要强调一点，……

Хотелось бы подчеркнуть то, что...

125. 我还希望补充一下，……

Хотелось бы немного дополнить,...

126. 我想打听一下，……

Хотелось бы узнать,...

127. 我想提醒一下，……

Хотелось бы напомнить,...

128. 我想请您注意一下，……

Хотелось бы обратить ваше внимание вот на что,...

129. 我想再重复一下，……

Хочу ещё раз повторить (озвучить)...

130. 最糟糕的是……

Хуже всего то, что...

131. 对了，差点忘了……

Чуть не забыл,...

132. 为了便于……

Чтобы облегчить...

133. 就我个人而言，……

Что касается меня лично,...

134.　至于……；说到……

Что касается...; Говоря о...

135.　这还不是全部，……

Это ещё не всё,...

136.　这是不是意味着……？

Это означает, что...?

137.　这就是说，……

Это означает, что...

138.　这不是别的，就是……

Это [есть] не что иное, как...

139.　我略有所闻，……

Я слышал краем уха, что...

140.　我不否认，……

Я не отрицаю того, что...

141.　我重申一遍，……

Я ещё раз повторяю,...

142.　我倾向于有必要……

Я склоняюсь к тому, что необходимо...

143.　我真诚地希望，……

Искренне надеюсь, что...

144.　我坚信，……

Я уверен (твёрдо убеждён) в том, что...

145.　我担心的是……

Боюсь, что...

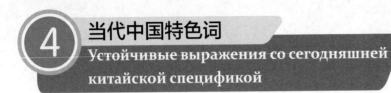

4 当代中国特色词
Устойчивые выражения со сегодняшней китайской спецификой

1. 中国特色社会主义
   Социализм с китайской спецификой

2. 社会主义现代化国家
   Модернизированное социалистическое государство

3. 社会主义核心价值观
   Основные ценности социализма

4. 高质量发展
   Высококачественное развитие

5. 全面深化改革
   Всестороннее углубление реформ

6. 高水平社会主义市场经济体制
   Система социалистической рыночной экономики высокого уровня

7. 现代化产业体系
   Современная производственная система

8. 构建以国内大循环为主体、国内国际双循环相互促进的新发展格局
   Создание новой архитектоники развития, рассматривающей внутреннюю циркуляцию национальной экономики как основу и предполагающей взаимное стимулирование двойной циркуляции – внутренней и международной

9. 国有企业改革
   Реформа госпредприятий

10. 民营企业
    Негосударственное предприятие

11. 中小微企业
    Среднее, малое и микропредприятие

12. 共同富裕

   Всеобщая зажиточность

13. 乡村振兴

   Подъем сельских районов

14. 精准扶贫

   Оказание адресной помощи нуждающимся

15. 区域协调发展

   Скоординированное развитие регионов

16. 推进高水平对外开放

   На высоком уровне расширять открытость внешнему миру

17. 自由贸易试验区

   Пилотная зона свободной торговли

18. 人民币国际化

   Интернационализация китайского юаня

19. 全球产业分工与合作

   Глобальное отраслевое разделение труда и сотрудничество

20. 提高人民生活品质

   Повышать качество жизни народа

21. 分配制度

   Система распределения

22. 就业优先战略

   Стратегия приоритетного обеспечения занятости

23. 社会保障体系

   Система социального обеспечения

24. 科技创新

   Научно-техническая инновация

25. 科教兴国战略

   Стратегия подъема страны силами науки и образования

26. 生态文明建设

Развитие экологической цивилизации

27. 绿色发展

Зеленое развитие

28. "一带一路" 倡议

Инициатива «Пояс и путь»

29. 人类命运共同体

Сообщество единой судьбы человечества

30. 国际合作

Международное сотрудничество

31. 全球治理体系

Система глобального управления

32. 人才强国战略

Стратегия наращивания государственной мощи за счет кадров

✍ Упражнения 练习

Составьте предложения, употребляя следующие конструкции. 用下列词组或短语造句。

（1） накалять атмосферу;

（2） не имеет значения (ничего страшного);

（3） утрировать (преувеличивать; приукрашивать)... (чьи-л.) слова;

（4） не понимать намёков;

（5） неудобно сказать;

（6） не суть важно (несущественно);

（7） никак не мочь вспомнить;

（8） поздно что-либо менять;

（9） продолжать говорить;

（10） не к чему придраться;

（11） заслуживать похвалы;

（12） хорошо, что напомнили;

（13）не совсем понимать；

（14）как следует (тщательно) подумать；

（15）Более того,...

（16）Вне всякого сомнения,...

（17）В самом крайнем случае...

（18）Вы имеете в виду, что...?

（19）Если вы не возражаете,...

（20）Извините, я вас перебью,...

扫码查看更多习题

参考资料

Васильева М. П. Официально-деловой стиль китайского языка. М.: Каро, 2008. 128 с.

Довгань О., Дегтярева А. Деловой китайский. М.: Феникс, 2012. 205 с.

Лазоренко Ю. 流行俄语口语热门话题 302 个 . 北京 : 中国宇航出版社 , 2007.

Ноженкова Т. М. Китайский язык: основы деловой речи. М.: Муравей, 2004. 168 с.

Си Цзиньпин. Полный текст доклада 20-го съезда Коммунистической партии Китая. (2022–10–25)[2023–08–28]. https://russian.cgtn.com/news/2022–10–25/1584924446881411074/index.html.

Худяков Д. А. Деловой китайский язык. М.: Шанс, 2022. 308 с.

胡谷明 . 经贸俄语教程 . 武汉 : 武汉大学出版社 , 2005.

李德祥，朱燕 . 经贸俄语 . 2 版 . 武汉 : 武汉大学出版社 , 2017.

陆勇，杨春宇 . 俄语经贸谈判与口译 . 北京 : 对外经济贸易大学出版社 , 2005.

史铁强等 . 商务交际俄语 . 北京 : 北京大学出版社 , 2006.

习近平 . 高举中国特色社会主义伟大旗帜　为全面建设社会主义现代化国家而团结奋斗 : 在中国共产党第二十次全国代表大会上的报告 . 北京 : 人民出版社 , 2022.

杨春宇 . 商贸俄语脱口说 . 北京 : 中国宇航出版社 , 2005.